1. Auflage
© 2020 Schneiderbuch
Verlegt durch Egmont Verlagsgesellschaften mbH
Alte Jakobstraße 83, 10179 Berlin
Alle deutschsprachigen Rechte vorbehalten.

TOTALLY DOGLESS was first published by Stabenfeldt AB Sweden 2017
Published by arrangement with Margot Edwards Rights Consultancy UK
in association with the Anne Clark Literary Agency
Text © 2017 by Jo Franklin
Illustrationen für die deutsche Ausgabe © 2019 by Cathy Ionescu
Aus dem Englischen von Karolin Viseneber
Umschlag- und Innenillustrationen: Cathy Ionescu
Umschlaggestaltung: Ariane Staubach
Satz: PPP, Pre Print Partner GmbH & Co. KG, Köln, www.ppp.eu
Printed in the EU
ISBN 978-3-505-14249-9
www.schneiderbuch.de

Unsere Bücher finden Sie im
Buch- und Fachhandel sowie im

www.egmont-shop.de

MIX
Papier
FSC FSC® C014496

Die EGMONT Verlagsgesellschaften gehören als Teil der EGMONT-Gruppe zur
EGMONT Foundation – einer gemeinnützigen Stiftung, deren Ziel es ist, die sozialen,
kulturellen und gesundheitlichen Lebensumstände von Kindern und Jugendlichen zu
verbessern. Weitere ausführliche Informationen zur EGMONT Foundation unter:
www.egmont.com

Jo Franklin

Völlig hundelos

Illustrationen von Cathy Ionescu

Aus dem Englischen von Karolin Viseneber

Schneiderbuch

EGMONT

INHALT

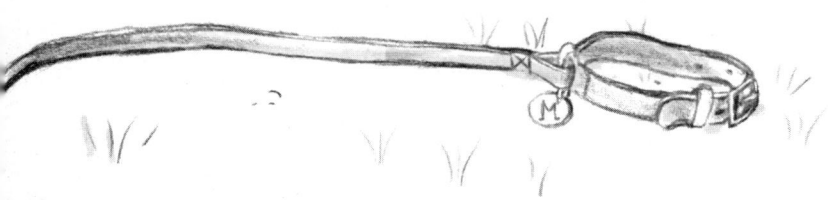

1 Völlig hundelos

Mehr als alles andere auf der Welt wünsche ich mir einen eigenen Hund, ganz für mich allein. Ein Hund ist der beste Freund eines Mädchens, da er einen immer lieben wird, im Gegensatz zu den Menschen, die manchmal vergessen, wer wirklich ihre besten Freunde sind.

Ein Hund würde es sich einfach an meinem Bettende gemütlich machen und meine Füße kuschelig warm halten. Ein Hund würde alle Erbsen auflecken, die beim Essen aus Versehen auf den Boden fallen. Ein Hund würde bellen, wenn ich von der Schule nach Hause käme, um mir zu sagen, wie sehr er mich vermisst hat. Er würde mich bedingungslos und unter allen Umständen lieben und mein BHFFI sein – mein BESTER HUNDEFREUND FÜR IMMER.

Ich habe es wirklich satt, völlig hundelos zu sein, aber momentan sieht es nicht so aus, als würde sich daran so schnell etwas ändern, da Mama – sobald ich das H-Wort in den Mund nehme – immer sofort ruft: »Auf gar keinen Fall! Ich habe so schon alle Hände voll zu tun.« Dann schaut sie an ihrem Babybauch hinunter, und Papa stimmt ihr zu: »Ganz sicher nicht! Du würdest dich eh nicht anständig darum kümmern!« Dabei hebt er meine schmutzige Wäsche auf und schmeißt sie in den Wäschekorb. Und Stevie sagt: »Hunde sind ekelig, weil Hundekacke stinkt.«

Mit der Hundekacke hat Stevie vermutlich sogar recht, aber die würde ich doch aufheben. Wenn ich einen eigenen Hund bekomme, werde ich eine sehr verantwortungsvolle Hundehalterin sein.

Ich habe dieses wundervolle Buch *Die Welt der Hunde*. Auf jeder Seite ist ein supersüßes Bild von einem Hund, und daneben stehen alle

Informationen zu der jeweiligen Rasse. Es ist wirklich nicht einfach, daraus einen Lieblingshund auszuwählen, da sie mir alle so gut gefallen.

Als ich heute auf meinem Bett lag und versuchte, meinen Lieblingshund auszusuchen, kam Mama mit einem Müllbeutel in mein Zimmer.

»Möchtest du irgendetwas aussortieren, Becca?«, fragte sie.

»Nein, nichts«, antwortete ich und hielt mit einer Hand mein Buch und mit der anderen meine Bettdecke fest.

Mama ist momentan immer auf der Suche nach Dingen, die sie ausmisten kann. Papa sagt, das sei der Nestbautrieb, der wohl alle Mütter befällt, kurz bevor sie ein Baby bekommen. Bisher habe ich sie zwar noch nicht mit irgendwelchen Ästen oder Federn erwischt, aber sie beäugt mein Zimmer trotzdem wie ein mögliches Nest. Sie fordert mich auf, Dinge auszumisten,

um Platz für das Baby zu machen, aber dieser Raum gehört mir, mir und meinem Hund.

»Ich denke, ich habe den perfekten Hund für uns gefunden«, sagte ich. »Er heißt Chloe.« Als ich meiner Mutter das geöffnete Buch hinhielt, war sie jedoch gerade damit beschäftigt, eine alte Fleecejacke in ihren Sack zu stopfen, sodass sie noch nicht einmal einen Blick auf meinen Traumhund geworfen hat, also habe ich das Bild gestreichelt.

Chloe ist eine Deutsche Dogge. Sie hat ein wundervoll glattes, glänzend schwarzes Fell und einen markanten Kopf, ihre seidenweich aussehenden Ohren hängen ein wenig herab. Jedoch nicht so viel, dass sie bis in den Futternapf reichen würden und Gefahr liefen, dreckig zu werden. In *Die Welt der Hunde* wird Chloe als »freundlich, liebevoll zu Kindern und sehr verträglich im Umgang mit Menschen« beschrieben. Für mich klingt das perfekt. Ich weiß al-

lerdings nicht genau, warum sie als »stattlich«
bezeichnet wird, so groß sieht sie auf den Bil-
dern gar nicht aus. Eher wie ein wirklich freundlicher Familienhund. Sicher wird Chloe gern gestreichelt. Und am liebsten bestimmt von mir.

Es ist vermutlich ein schönes, beruhigen-
des Gefühl, so einen tollen Hund zu streicheln.
Ich würde zu gern von Chloes Pfoten und Bei-

nen umschlungen werden. Ich würde ausgiebige Spaziergänge mit ihr machen und jeden Tag ihr Fell pflegen, nachts würde sie mich wärmen. Wir wären ein tolles Gespann.

»Hat irgendeines dieser Kuscheltiere sein Haltbarkeitsdatum überschritten?« Mama zeigte auf den Haufen aus Plüschhunden, die an meinem Bettende leben.

»Auf keinen Fall!« Ich warf mich nach vorn und bedeckte die Hunde mit meinem Körper, damit Mama nicht auch nur einen von ihnen zu fassen bekam und in ihren Müllsack werfen konnte. Meine Hundesammlung wird ins Regal umziehen müssen, wenn Chloe bei uns einzieht, aber bis dahin bleibt sie erst einmal auf meinem Bett, und ausgemistet wird kein einziger der Hunde, niemals.

Ein Hund ist fürs Leben, nicht nur für Weihnachten. Das gilt auch für Plüschhunde.

Mama öffnete die oberste Schreibtischschublade und nahm etwas heraus.

»Brauchst du das noch?« Sie hielt mein Tagebuch in die Höhe.

Es ist von außen blau-weiß kariert, das Jahr in Gold eingeprägt, und darauf sieht man eine Katze, die an Verstopfung leidet. Natürlich weiß ich nicht, ob sie an Verstopfung leidet, aber sie hat einen so seltsamen Gesichtsausdruck, dass irgendetwas mit der armen Katze ganz sicher nicht stimmt.

»Und ob. Das habe ich von Emily bekommen!«, erwiderte ich. »Das behalte ich für immer und ewig.«

Emily sollte eigentlich meine beste Freundin sein, aber seitdem sie in die Theater-AG eingetreten ist, sehe ich sie nicht mehr so häufig. Ehrlich gesagt bin ich sogar ziemlich beunruhigt darüber, dass ich fast ebenso beste-freundinnen- wie hundelos bin. Und sicher wäre sie noch weniger freundinnig, wenn sie herausfinden würde, dass ich ihr letztes Weihnachtsgeschenk weggegeben habe.

»Aber du hast doch gar nichts reingeschrieben.« Mama blätterte durch die Seiten der unter Verstopfung leidenden Katze.

»Das geht dich nichts an, da ist mein ganzes Privatleben drin.« Ich sprang auf und riss ihr das Buch aus den Händen. Dann war es eben leer, na und? Das hieß noch lange nicht, dass ich keine tagebuchtauglichen Gedanken und Gefühle hatte, ich war einfach nur noch nicht dazu gekommen, sie aufzuschreiben. Ich schnappte mir einen Stift und notierte auf der Seite mit dem Datum von heute:

Liebes Tagebuch,
ich bin völlig hundelos. 😟

Das Tagebuch hielt ich Mama unter die Nase.

»In Ordnung«, sagte Mama und seufzte. »Ich gebe auf. Auch wenn es etwas spät im Jahr ist, um ein Tagebuch zu beginnen. Wünschst du dir dieses Jahr ein neues vom Weihnachtsmann?«

»Ja, warum nicht?«, sagte ich. »Vielleicht mit einem anderen Umschlagbild.«

Mama nickte.

»Musst du nicht auch noch Hausaufgaben machen?«

Mein Magen zog sich sofort zusammen und schmerzte. Ich hatte eine wirklich furchtbare Hausaufgabe auf, zu der ich überhaupt keine Lust hatte. Genau deshalb las ich in *Die Welt der Hunde*.

»Frag doch mal Papa, ob er dir hilft. Er macht gerade Abendessen.« Sie verzog den Mund, wie immer, wenn es ums Essen ging. Schon beim Gedanken daran wurde ihr übel. Das hat irgendetwas damit zu tun, dass sie ein Baby erwartet. Nestbautrieb und Übelkeit wechseln sich bei ihr ab.

Ich schob *Die Welt der Hunde* und mein Tagebuch unter den Pullover, wo sie sicher waren, und versteckte alle meine Kuscheltiere unter der Bettdecke.

»Werde ich jemals einen Hund bekommen?«, fragte ich.

»Mmh«, sagte Mama und meinte »Nein«. »Noch irgendetwas zum Ausmisten?«

Ich machte mir noch nicht einmal die Mühe, »Mmh« zu sagen.

Mama watschelte aus dem Zimmer wie eine Ente auf der Suche nach einem Nest, nur ohne Schnabel. Hoffentlich wächst da nicht gerade ein Entenküken in ihrem Bauch heran, da wäre sie sicher enttäuscht.

Mama möchte ein Baby.

Ich möchte einen Hund.

So einen wie Chloe oder einen ganz anderen. Das ist mir völlig egal.

Nur ein Hund sollte es sein, ganz für mich allein.

Außerdem möchte ich, dass es zwischen Emily und mir wieder so ist wie immer. Deshalb habe ich in mein Tagebuch geschrieben:

PS Tagebuch, ich bin auch fast beste-freundinnenlos.

Eine doofe Träne fiel aus meinem Auge und platschte auf das Wort »beste«, sodass es gar nicht mehr zu erkennen war. Also stand in meinem Tagebuch »ich bin auch fast freundinnenlos«, und genauso fühlte ich mich auch.

2 Spaghetti bolosaurus

Als ich nach unten kam, stand Papa am Herd und rührte in einer Soße. Es roch nach Spaghetti bolognese. Das gibt es momentan ziemlich häufig, seitdem er sich ums Essen kümmert. Spaghetti bolognese bis zum Abwinken ist auch eine Nebenwirkung davon, dass Mama ein Baby bekommt. Bisher habe ich mich nicht darüber beschwert, da Papa sich bei seiner neuen Aufgabe als Koch eigentlich ganz gut schlägt. Ich hoffe, dass er bald ein neues Rezept lernt. Ich setzte mich an den Tisch und schrieb in mein Tagebuch:

Liebes Tagebuch,
es gibt schon wieder Spaghetti bolo
UND
ich muss in der Schule einen Vortrag halten.

ABER
habe keine Ahnung, worüber.
HILFE!

Die Katze mit der Verstopfung war überhaupt keine Hilfe. Sie starrte mich stumm mit dem immer gleichen bescheuerten Gesichtsausdruck an. Katzen sind zu nichts zu gebrauchen. Deshalb bin ich auch der Hundetyp.

»Mir geht es nicht gut«, sagte ich zu Papa.

»Oje. Um welche Art von ›nicht gut‹ handelt es sich denn?« Papa überließ seine Töpfe und Pfannen sich selbst, kam zu mir herüber und setzte sich neben mich. Er setzte seinen besorgten Gesichtsausdruck auf, aber ich wusste, dass er nur so tat, weil seine Mundwinkel zuckten, als müsse er ein Lachen unterdrücken.

»Ich habe Bauchschmerzen«, sagte ich und hielt mir den Bauch, um das Ganze noch zu betonen.

»Und woher kommen die?«, fragte Papa.

»Ich bin krank!« Ich legte meinen Kopf auf den Hausaufgabenzettel von Frau Travers.

Papa fasste unter meine Wange und zog das Stück Papier hervor.

»Ein Vortrag, das ist nicht ohne.« Papa tätschelte mir die Schulter.

»Ich hätte bei der Theater-AG mitmachen sollen«, sagte ich.

»Ich dachte, das wolltest du nicht«, antwortete Papa.

»Wollte ich auch nicht, aber ich wette, dass alle, die daran teilnehmen, im Vorträgehalten super sein werden und unzählige Sternchen dafür bekommen. Ich vergesse sicher, was ich sagen wollte, und bekomme kein einziges.«

Papa tätschelte mir wieder die Schulter.

»Aber es geht sicher nicht die ganze Klasse zur Theater-AG«, sagte er. »Ich dachte eigentlich nur Emily.«

»Und Lily Williamson«, ergänzte ich und ließ meinen Kopf wieder auf die Tischplatte fallen.

Lily Williamson ist die größte Angeberin der Welt. Sie hat echte UGG-Boots und ein eigenes iPad, das sie jeden Tag bis Mitternacht benutzen darf.

Lily ist direkt nach Emily in die Theater-AG eingetreten, ein weiterer Grund, weshalb ich nicht mitmachen möchte. Aber auch einer der Gründe, warum ich überlegt habe, doch mitzumachen, da Emily seitdem sehr nett zu Lily ist.

Besonders donnerstags.

Lilys Mutter hat Emilys Mutter gefragt, ob sie sich beim Fahrdienst zur Theater-AG abwechseln sollen. Das Ganze wurde auch noch zu einem gemeinsamen frühen Abendessen ausgeweitet. Also verbringen Emily und Lily nun jeden Donnerstag ein frühes Abendessen, zwei Autofahrten und die gesamte Theater-AG miteinander.

»Ich wette, dass Lilys Mutter den Theaterlehrer überredet hat, ihr Privatstunden zu geben«, sagte ich zum Tisch, und ein paar weitere dicke

Tränen rannen an meiner Nase hinab. Beim Gedanken an Lily Williamson musste ich manchmal weinen. »Lily wird bestimmt mindestens fünf Sternchen bekommen und ich kein einziges, weil ich nichts habe, worüber ich reden kann. Aber egal, ich bin eh viel zu krank, um in die Schule zu gehen.«

»Du musst zur Schule«, sagte Papa. Er schob ein Taschentuch zwischen den Tisch und meine Augen und wendete sich wieder dem Abendessen zu. »Dir fällt sicher etwas ein, worüber du reden kannst.«

»Frau Travers sagt, dass wir über etwas sprechen sollen, das uns wichtig ist. Vielleicht aus einer anderen Perspektive.« Ich putzte mir die Nase, damit Papa meine Worte und nicht nur den Schnodder hören konnte. »Ich könnte über Hunde sprechen, aber das haben die anderen alles schon gehört.«

Stevie kam brüllend in die Küche, in jeder Hand einen Dinosaurier. Er knallte einen Stego-

saurus auf den Tisch und ließ einen Pterodaktylus darauf herniedersausen. Seine Dinosaurier
kämpfen immer. Kein Wunder, dass sie ausgestorben sind.

»Du könntest über Dinosaurier
reden«, schlug Papa vor.

»Grrr!«, brüllte Stevie.

»Stevie kann dir helfen.«

Stevie tat, als könne der Pterodaktylus den
Stegosaurus in die Luft heben. Er kreiste mit
ihnen um meinen Kopf herum und schrie und
brüllte dazu.

»Dinosaurier sind nicht wichtig«, sagte ich.
»Es gibt sie nicht einmal mehr.«

»Dinosaurier sind meine besten Freunde«,
sagte Stevie und knallte die Köpfe der Dinosaurier gegeneinander.

»Beste Freunde sprechen mit dir und hören
dir zu, wenn du traurig bist«, sagte ich. »Sie
spielen mit dir und geben dir nicht ständig mit
ihren Klauen und Hörnern eins über den Kopf!

Sie verstehen, was für dich das Wichtigste auf
der Welt ist. Beste Freunde sind nicht ausgestorben. Sie sind echte Menschen wie Emily.«

Da kam mir eine fantastische Idee, worüber
ich bei meinem Vortrag sprechen könnte.

Liebes Tagebuch,
wenn ich einen Smiley für den heutigen Tag malen
müsste, wäre er halb traurig und halb glücklich,
beides gleichzeitig. Vielleicht sieht das ein bisschen
seltsam aus, aber genauso fühle ich mich gerade.

3 Meine BF ist nicht FI

Als ich in die Schule kam, war Emily nicht da. Normalerweise wartet sie an unserem Treffpunkt in der Nähe des Basketballkorbs auf mich. Aber zum allerersten Mal war Emily spät dran, und es war bitterkalt. Ich sprang von einem Fuß auf den anderen und schlang die Arme um meinen Körper, aber mir wurde einfach nicht wärmer.

Ich fragte mich, ob Emily wohl krank sei. Sie war noch nie so spät dran gewesen, da ihre Mutter sie auf dem Weg zur Arbeit absetzte. Frau Denaro hat eine wichtige Arbeit, sie richtet schicke Häuser ein. Ihr eigenes Haus ist so elegant, dass es manchmal für irgendwelche Zeitschriften fotografiert wird, und einmal kam sogar ein Kamerateam und drehte einen Werbefilm in ihrem Salon (so nennt Frau Denaro das Wohnzimmer, weil es so elegant ist).

Ich wollte nicht, dass Emily ausgerechnet heute krank war, da sie dann meinen Vortrag verpassen würde. Ich brauchte sie dort drinnen. Es würde schließlich in meinem Vortrag um ...

Da hörte ich ein wohlbekanntes Lachen über den Spielplatz schallen.

Emily rannte durch das Schultor, ihr wunderschönes langes, lockiges Haar umgab sie wie ein pechschwarzer Superheldinnenumhang. Meine Haare sind kurz und hell und kleben an meinem Kopf wie eine Superheldinnenunterhose. Nur weil keine Superheldin jemals ein gelbes Höschen tragen würde, war zum Glück bisher niemandem die Ähnlichkeit aufgefallen. Ich möchte wirklich nicht den Spitznamen Pupshose verpasst bekommen wie Rosie Jones, bei der sich der Rock in der Unterhose verfangen hatte, als sie einmal von der Toilette kam.

Lily Williamson rannte hinter Emily her. Sie hat lange feuerrote Haare, die sie normalerweise für die Schule zu Zöpfen flicht, seit einiger

Zeit jedoch trägt sie die Haare offen, wodurch sie auch wie eine Superheldin aussieht.

Emily hielt nicht an, um in Richtung des Basketballkorbs oder zu mir zu schauen. Sie hakte sich bei Lily unter und lief mit ihr zusammen auf das Schultor zu, genauso, wie wir es sonst immer tun.

Mein Magen schmerzte so sehr, dass ich Angst hatte, mich übergeben zu müssen.

Zum ersten Mal in meinem Leben musste ich ganz allein in die Schule gehen. Was die Sache jedoch noch schlimmer machte, war, dass ich diesen Vortrag vor mir hatte, der mich dumm dastehen lassen würde.

Frau Binns blies in ihre Trillerpfeife, um den Schulbeginn anzuzeigen, aber ich lief nicht los. Ich wollte nicht. Da stand ich mitten auf dem leeren Schulhof, wie ein bestellter und nicht abgeholter Basketballkorb, und versuchte krampfhaft, mir ein neues Vortragsthema auszudenken.

»Becca?«, rief Emily mir vom Schultor aus zu. Sie war immer noch bei Lily eingehakt, aber deutete ein Winken an, als wolle sie mich irgendwie einladen, sie zu begleiten.

»Ich bin gleich bei euch«, antwortete ich, was eine glatte Lüge war.

Niemals würde ich ein Trio zusammen mit Lily Williamson bilden. Außerdem musste ich so langsam wie möglich in das Schulgebäude hineingehen, um mir vor Unterrichtsbeginn noch ein neues Vortragsthema ausdenken zu können. In meinem Kopf herrschte jedoch völlige Leere. Da war nichts. Selbst mein gesamtes Hundewissen war verschwunden.

»Beeil dich, Becca!« Frau Binns schob mich durch die Tür, und dann war ich auch schon im Klassenzimmer, und Frau Travers ging wie immer die Anwesenheitsliste durch. Die Stunde hatte begonnen.

»Alles in Ordnung, Becca?« Emily berührte meine Hand, als ich mich neben sie setzte. Ihr Gesicht war vom Lachen ganz rot geworden, aber ihre Hand war eiskalt.

Ich nickte, auch wenn ganz und gar nichts in Ordnung war.

Frau Travers rief meine Klassenkameraden für den Vortrag auf, aber mein Kopf war so unglaublich leer, dass ich gar nicht hörte, worüber sie sprachen. Irgendwann war schließlich Emily an der Reihe.

Lässig lief sie nach vorn. Sie war so selbstbewusst und cool, wodurch ich mir nur noch dümmer vorkam. Sie drehte sich zu uns allen um und begann.

»Heute werde ich über die Theater-AG sprechen.«

Lily klatschte begeistert.

Emily erzählte davon, wie sie gelernt hatte, ein sich im Wind bewegender großer Baum zu sein. Sie pustete ihre Wangen leer und schüttelte ihre Superheldinnenumhanghaare, als sie den stürmenden Wind darstellte. Der war jedoch am Ende so stark, dass er den Baum umblies, sodass Emily wie ein Baumstamm zu Boden fiel.

Sie war einfach fantastisch! Ich hatte gar nicht gewusst, was alles dazugehörte, um sich tot zu stellen. Wie sie davon erzählte, hörte sich die Theater-AG wirklich lustig an, weshalb ich mich fragte, ob ich nicht doch daran teilnehmen sollte.

»Letzte Woche mussten wir für das Stück vor-spielen, das im nächsten Halbjahr erarbeitet wird«, sagte Emily und stand dabei auf. »Und wisst ihr, was ich spielen werde?« Sie stemmte eine Hand in die Hüfte und zeigte mit der ande-ren auf ihre Zuhörer. Dann drehte sie die Hand ungefähr hundert Mal hin und her, als würde sie in Schallgeschwindigkeit Pfannkuchen wenden.

Peinliches Schweigen, da die gesamte Klasse herauszufinden versuchte, was Emily wohl ver-körperte. Eine lange, unangenehme Stille kann ich überhaupt nicht gut ertragen, besonders wenn meine beste Freundin der Grund dafür ist, also rief ich:

»Den verrückten Pfannkuchenwender?«

Gelächter.

»Captain Hook!«, rief Lily.

»Ganz genau.« Emily grinste Lily an.

Vor Scham wurde ich rot wie eine Tomate. Ich hatte etwas wirklich Dummes gesagt. Emily hat-te keine unsichtbaren Pfannkuchen gewendet, sondern einen Schwertkampf aus Peter Pan vorgeführt. Als ihre beste Freundin hätte ich das natürlich wissen müssen.

Aber ich hatte nichts gewusst. Lily schon. Hieß das also, dass Lily Emilys neue beste Freundin war?

Emily verbeugte sich gekonnt und kam an ihren Platz neben mir zurück, während ein Teil der Klasse applaudierte. Der andere Teil sah mich an und feixte.

»Du hast mir noch gar nicht von Peter Pan erzählt, es tut mir leid«, versuchte ich verzweifelt, die Situation zu retten. »Captain Hook ist natürlich viel besser als ein Pfannkuchenwender.«

»War ja klar, dass du mit so einer verrückten Idee ankommst«, sagte sie ganz selbstverständlich. Es war überhaupt nicht böse gemeint gewesen, dennoch fühlte ich mich schrecklich, weil ich mich derart zum Narren gemacht hatte und beinahe ihren Auftritt ruiniert hätte. »Ist das nicht toll? Mama hat gestern Abend die E-Mail

bekommen. Lily ist Peter Pan, also können wir in den Pausen zusammen proben.«

Captain Hooks unsichtbares Schwert traf mich mitten ins Herz. Wenn Emily und Lily gemeinsam ihre Rollen einübten, hatte ich in den Pausen niemanden, mit dem ich Haustiersalon spielen konnte. Stattdessen musste ich auf der Freundschaftsbank rumhängen. Die Freundschaftsbank war wirklich eine gute Erfindung für Leute, die keine Freunde hatten, aber ich hatte sie noch nie genutzt, da Emily bisher immer da gewesen war.

»Becca, würdest du bitte als Nächste nach vorn kommen?« Frau Travers lächelte mich an.

Mein Herz schmerzte von Captain Hooks unsichtbarem Schwert und mein Bauch von allem anderen.

Ich konnte die Blicke der anderen auf meinem Hinterkopf spüren, während ich nach vorn ging. Meine Kopfhaut juckte, als hätte ich Flöhe.

Am liebsten wäre ich weggelaufen, aber es war zu spät. Mir blieb nichts anderes übrig, als den Vortrag zu halten, den ich vorbereitet hatte. Also tat ich, was Frau Travers uns auf ihrem Tipps-und-Tricks-Blatt empfohlen hatte, und sah starr auf die Uhr an der Rückwand des Klassenzimmers.

»Mein Vortrag hat den Titel: Meine beste Freundin«, sagte ich.

Jemand hustete. Ich beachtete es nicht. Ich war viel zu sehr damit beschäftigt, mich daran zu erinnern, was ich sagen wollte. In meinem Kopf bekam ich die Gedanken nicht geordnet, also öffnete ich einfach den Mund und hoffte, dass die richtigen Wörter dabei herauskamen.

»Meine beste Freundin besitzt keinen Hund, aber wenn sie einen hätte, wäre es mit Sicherheit ein Cockerpoo. Das ist eine Mischung aus Cockerspaniel und Pudel.« Die ganze Klasse lachte. »Der Hund, nicht meine beste Freundin.« Meine Worte verhedderten sich immer mehr. Ich wusste gar nicht mehr, was ich gerade sagte.

»Pups. Pups.« Gav Thomas hob seinen Hintern an, als müsse er pupsen. Ich versuchte, ihn nicht anzusehen. Es war schließlich nicht mein Fehler, dass Emilys Lieblingshunderasse einen lächerlichen Namen hatte. Schnell wechselte ich das Thema.

»Meine beste Freundin ist Italienerin, es gibt immer leckere selbst gemachte Nudeln in ihrem Zuhause, mit Pesto.«

Ich hatte mich schon wieder seltsam ausgedrückt. Nicht das Zuhause war mit Pesto. Frau Denaro würde sich furchtbar aufregen, wenn grüne Soße auf ihr Sofa käme.

»Ich habe das Wort ›Ciao‹ von meiner besten Freundin gelernt. Es heißt sowohl ›Hallo‹ als auch ›Tschüss‹ auf Italienisch.«

»Praktisch, wenn man irgendwo auftaucht und gleich wieder rausgeschmissen wird«, rief Gav Thomas einfach dazwischen.

»Gavin!«, ermahnte Frau Travers ihn streng und nickte mir dann zu, dass ich fortfahren sollte.

»›Ciao‹ wird wie ›tschau‹ ausgesprochen, aber geschrieben wird es c...« Mir fiel die Reihenfolge der Buchstaben nicht mehr ein. »a ... o ... Nein, o kommt erst am Ende.« Mein Gesicht brannte wie eine gebratene Tomate. »Es wird nicht geschrieben, wie es gesprochen wird.« Ich sah zu Emily hinüber, hoffte, dass sie mir aushelfen würde. Sie wusste schließlich, wie »Ciao« buchstabiert wurde. Sie schreibt es auf alle Zettelchen und Geburtstagskarten an mich. Aber Emily sah mich nicht an, sie unterhielt sich in Zeichensprache mit Lily.

Ich weiß nicht mehr, worüber ich danach gesprochen habe, was immer es auch war, meine Klassenkameraden wurden von Minute zu Minute ungeduldiger. Manche sahen auf ihre Fingernägel, andere schielten zu Emily hinüber. Ich war gerade dabei, mich zur absoluten Lachnummer zu machen, und sie wussten es. »Zum Fremdschämen«, dachten sie sicherlich, »so über Emily zu reden, obwohl sie nun Lilys beste Freundin ist.«

Aber nun konnte ich nicht mehr zurück. Ich musste meinen Vortrag beenden, mich setzen und für immer schweigen.

»Meine beste Freundin weiß, wann ich traurig bin und wie sie mich trösten kann.«

Ich sah Emily direkt an, aber sie merkte es gar nicht, da sie mit ihrer Schwerthand auf Lily zeigte.

»Meistens.« Meine Stimme wurde leiser und leiser, auch wenn Frau Travers uns beigebracht hatte, dass wir unseren Vortrag mit Schwung beenden sollten. »Meine beste Freundin ist Emily Denaro«, flüsterte ich.

Niemand klatschte. Niemand pfiff. Niemand sagte etwas. Ich glaube, sie hatten noch nicht einmal bemerkt, dass mein Vortrag zu Ende war.

Ich wankte an meinen Platz, hoffte, ein Erdbeben würde einen Spalt in den Boden reißen, in dem ich für immer verschwinden konnte.

»Wer ist deine beste Freundin, Lily?«, zischte Zoe Smith, als ich an ihr vorbeikam. Sie ist das gemeinste Mädchen der Klasse, aber sie sprach nur aus, was alle anderen dachten. Ich war nicht mehr Emilys beste Freundin.

»Vielen Dank, Becca«, sagte Frau Travers. »Ein sehr interessanter Vortrag.«

Emily warf mir ein Captain-Hook-Grinsen zu, als ich an meinen Platz zurückkam. Ich lächelte nicht zurück. Ich mochte Captain Emily Hook nicht.

Ich nahm meine blaue, flauschige Federmappe und streichelte sie. Sie fühlte sich nicht annähernd so gut an wie ein Hund, aber immerhin besser als nichts.

»Als Letztes hören wir nun Lily. Würdest du bitte nach vorn kommen?«, sagte Frau Travers.

Ich schloss die Augen und bereitete mich darauf vor, nun alles über ihre Hauptrolle als Peter Pan zu hören.

»Mein Thema heute ist Kommunikation im 21. Jahrhundert«, sagte Lily.

Vor Schreck riss ich die Augen auf.

»Zu meinem Geburtstag habe ich ein iPhone bekommen.« Lily stand vor der Klasse und zeigte ihr neues Telefon herum.

Ich hätte es wissen müssen! Wir dürfen keine Telefone oder andere elektronische Geräte mit in die Schule bringen, aber Lily hatte unbedingt mit ihrem neuen Telefon prahlen wollen, und das war ihre Chance. Irgendwie verband sie ihr iPhone mit dem Whiteboard, sodass wir alle das Display ihres Smartphones sehen konnten, während sie darüber sprach.

So eine Angeberin!

Alle anderen waren begeistert, als wäre es die tollste Sache, die sie jemals in ihrem Leben gesehen hatten.

Lily ging eine ganze Reihe von Apps durch. Sie konnte zu ihrem Telefon sprechen, und es schrieb alles für sie auf. Sie musste niemals mehr einen Stift benutzen.

»Und wenn ich mir angucken möchte, wie ich mit einer anderen Haarfarbe aussehe, gibt es auch dafür eine App.«

Eine Fotoserie war auf dem Whiteboard zu sehen.

Lily mit roten Haaren.

Lily mit blauen Haaren.

Lily mit pinken Haaren.

»Gehen auch Streifen?«, rief einer der Jungen.

Lily tippte auf ihrem Telefon herum, und schon war sie mit schwarz-weiß gestreiften Haaren zu sehen.

Am liebsten hätte ich gerufen: »Und wie siehst du ohne Haare aus?« Ich wäre in diesem Augenblick zu gern fies gewesen, aber ich fühlte mich noch immer beste-freundinnenlos, und in diesem Zustand ist man nicht gerade gut darin, vor der ganzen Klasse fies zu sein.

»Ich weiß, wie glücklich ich über so ein teures Geschenk sein kann«, sagte Lily und klang dabei alles andere als bescheiden. »Das Geheimnis meines Erfolgs ist es, nur einen einzigen Geburtstagswunsch zu äußern, sodass meine Eltern einfach nicht wussten, was sie mir sonst hätten kaufen sollen. Das hier war mein Geburtstagsgeschenk. Ich habe auch nur einen einzigen Weihnachtswunsch, und den werde ich erfüllt bekommen, seht her.« Sie tippte wild auf ihrem Telefon herum.

Das Bild eines niedlichen Hundewelpen tauchte auf dem Bildschirm auf.

»Ein Cockerpoo ganz für mich allein!« Lily küsste das Bild auf ihrem dämlichen iPhone.

Die Mädchen klatschten höflich, und die Jungen stöhnten.

Emily kreischte und wedelte mit den Armen. Lily lief zu ihr hinüber, und die beiden umarmten sich und sprangen vor Freude im Kreis – auf Emily-Becca-Art.

»Ist das wirklich wahr? Der Wahnsinn!«, sagte Emily. »Ich wollte schon immer so einen Hund haben.«

Auch ich konnte es nicht glauben. Nun würde Emily Lily ganz sicher lieber mögen als mich.

Lily + Cockerpoo = Emilys BFFI

Mir blieb nichts.

Liebes Tagebuch,
ich muss einen Plan schmieden.
    Was soll ich bloß tun?

4 Pläne

Die ganze Pause und das Mittagessen über dachte ich darüber nach, wie ich Emily zurückgewinnen konnte.

Emily merkte gar nicht, dass ich allein saß, da sie zu beschäftigt damit war, Schwertkämpfe mit Lily auszutragen, aber Frau Travers schon.

»Möchtest du auf der Freundschaftsbank sitzen, während Emily mit Lily beschäftigt ist?«, fragte sie.

»Nein, danke. Ich schreibe Tagebuch«, erwiderte ich. »Ich schmiede gerade Pläne.«

Frau Travers nickte und ging, um sich um einen weinenden Zweitklässler zu kümmern.

Mein BFFI-PLAN
1. Der Theater-AG beitreten

Ich drückte beim Schreiben nur ganz leicht auf, da ich Theaterspielen wirklich nicht mag und es auch bedeutete, Lily außerhalb der Schule sehen zu müssen. Momentan war das sowieso keine Option, da das Halbjahr fast zu Ende war. Aber wenn ich mich dazu überwinden könnte, würde Emily merken, dass ich etwas mit ihr unternehmen wollte und sie immer noch mochte.

2. Nett zu Lily sein (oder zumindest so tun als ob)

Das war immer Frau Travers Rat während des Erzählkreises, wenn es Streit gegeben hatte. Seid nett zueinander, ihr könnt alle zusammenspielen. Es würde nicht leicht werden, aber ich musste es versuchen.

3. Einen Hund bekommen

Wenn ich einen Hund hätte, würde Emily mich sicher häufig besuchen kommen und mit ihm spielen. Ich musste nur dafür sorgen, dass mein Hund kuscheliger, lustiger und in allen Belangen besser war als Lilys. Vielleicht könnte ich sogar einen Cockerpoo haben. Dann würde Emily bestimmt meine Freundin sein wollen.

Lily hatte herausgefunden, dass man sich nur eine Sache zu Weihnachten wünschen durfte, um sie auch tatsächlich zu bekommen. Ich konnte mir zwar nicht vorstellen, dass sich Mamas Meinung dadurch ändern würde, aber ich musste es versuchen.

Ich blätterte in meinem Tagebuch bis zur letzten Seite und schrieb *Beccas Weihnachtswunschliste* in meiner schönsten Schrift ganz oben hin. Und dann mitten auf das Blatt:

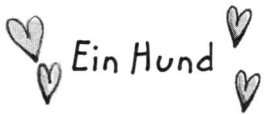

Das war die kürzeste Wunschliste der Welt, aber sie würde hoffentlich mein Leben für immer verändern.

Irgendwie bekam ich auch den Rest des Tages noch rum. Ich tat Emily gegenüber so, als sei alles in Ordnung, und lächelte sogar einmal Lily an. Den ganzen Nachmittag über war mir übel, aber ich überlebte es.

Als ich zu Hause ankam, riss ich die Seite aus meinem Tagebuch aus und gab sie Mama. Sie warf einen Blick darauf und verdrehte die Augen.

»Jetzt hör mir mal zu, Becca ...«, sagte Mama.

Ich nahm das Blatt Papier zurück und schrieb dazu:

Ich liebe dich!
Kuss Becca

»Der Kegelmann kommt!« Stevie schaute gerade aus dem Fenster.

»Was will der denn?«, wunderte sich Mama.

Der Kegelmann heißt eigentlich Herr Davis und ist unser direkter Nachbar. Immer wenn er wegfährt, stellt er Leitkegel vor seinem Haus auf, damit ihm niemand den Parkplatz wegnehmen kann.

»Hast du dich schon wieder mit ihm ange-
legt?«, wollte Papa wissen.

»Nein, habe ich nicht!«, erwiderte Mama.

Mama hatte schon einmal einen der Kegel
versetzt, um ihren Wagen zu parken, da sie ihre
vielen Einkäufe nicht so weit tragen konnte. Kegelmann hatte sich bei seiner Rückkehr so sehr
darüber aufgeregt, dass Mama und er in Streit
geraten waren. Papa hatte sich nicht einge-
mischt, sondern lieber das Auto weggesetzt.

Es klingelte, und Papa ging zur Tür. Mama
versteckte sich hinter der Küchentür, um alles
verstehen zu können, und Stevie und ich stell-
ten uns zu ihr. Es war zwar ziemlich eng, aber
es hat trotzdem Spaß gemacht, da wir Herrn Davis ausspionierten, der sonst immer alle anderen ausspioniert.

»Herr Sanderson, ich muss Sie über eine sehr
beunruhigende Sache unterrichten«, sagte Herr
Davis in seiner etwas seltsamen Art. »In Nummer 7 ist eingebrochen worden. Ich dachte, das

sollten Sie wissen. Bei mir würde sich das vermutlich niemand trauen, ich habe schließlich mein eigenes ausgeklügeltes Sicherheitssystem.«

Damit meinte er wahrscheinlich den Bewegungsmelder, der seinen gesamten Vorgarten hell erleuchtete, sobald nachts eine Motte an seiner Haustür vorüberflog. Er konnte es überhaupt nicht leiden, wenn sich irgendetwas in seinem Vorgarten befand. Er jagte sogar jedes Blatt und jeden Schmetterling mit seinem Laubbläser fort.

Papa murmelte etwas.

»Ich glaube, sie haben es auch bei Nummer 5 versucht, aber dieser bestialische Köter hat sie wohl mit seinem Gebell vertrieben.«

»Da sieht man mal wieder, wofür Hunde alles gut sind«, murmelte ich.

»Das stimmt«, flüsterte Mama zurück.

»Da ich gerade hier bin, möchte ich Sie außerdem daran erinnern, Ihre Rauchmelder zu tes-

ten. Ich gucke am Ersten jedes Monats, ob meine funktionieren.«

»Vielen Dank«, sagte Papa.

»Haben Sie einen Wasserzähler?« Herr Davis hörte gar nicht mehr auf. »Das würde ich Ihnen sehr empfehlen. Meine Rechnung fällt deutlich geringer aus, seitdem bei mir einer installiert wurde.«

»Oje!« Mama seufzte laut. Stevie stieß mich an und kicherte. »War's das?«, murmelte Mama.

»Momentan beschäftige ich mich mit Solarenergie«, fuhr Herr Davis fort. »Sonnenkollektoren auf dem Dach sind die Lösung, müssen Sie wissen.«

»Das ist interessant, aber ich muss jetzt wirklich weitermachen.« Papa verabschiedete sich von Herrn Davis und schloss die Haustür.

»Ich nehme an, ihr habt alles mitbekommen?«, fragte er, als er in die Küche zurückkam. »Ich dachte schon, er würde niemals aufhören.« Er nahm den Besen und stieß mit dem Stiel gegen den Rauchmelder. Der piepste wütend, bis Papa ihm erneut einen Stoß versetzte. »Der funktioniert immerhin. Wir sollten besonders darauf achten, die Türen abzuschließen und unsere Sachen zu sichern, wenn Einbrecher in der Gegend unterwegs sind.«

»Ich will nicht geklaut werden«, sagte Stevie.

»Das wird auch nicht passieren, wenn wir einen Hund bekommen«, erwiderte ich.

»Niemand stiehlt hier irgendetwas.« Papa wuschelte Stevie durch die Haare.

»Hoffentlich nicht, ich möchte wirklich nicht ausgeraubt werden«, sagte Mama und strich sich über den Bauch.

»Dann sollten wir uns unbedingt einen Hund anschaffen, Hunde sind der beste Einbruchsalarm.«

»Hunde halten tatsächlich Einbrecher ab«, sagte Papa.

»Das stimmt«, sagte Mama.

»Das Bellen von Cockerpoos eignet sich fantastisch zur Einbrecherabwehr«, warf ich schnell ein, obwohl ich noch nie einen Cockerpoo hatte bellen hören.

Mama und Papa erwiderten nichts, aber ich sah ihnen an, dass sie nachdachten. Sie waren dabei, ihre Meinung zu ändern.

»Hunde stinken!«, sagte Stevie.

»Cockerpoos nicht«, zischte ich in seine Richtung. Warum musste er immer alles verderben? »Sie haben gelocktes Pudelfell, das nicht überall herumliegt, und riechen tun sie auch überhaupt nicht.«

»Hunde stinken wie Windeln!«, rief Stevie nun lauter.

»Wenn wir einen Hund bekommen, werde ich ihm beibringen, Einbrecher und dich anzubellen!«

»Es reicht!«, sagte Papa.

Stevie und ich starrten uns einen Moment lang an, dann streckte er mir die Zunge heraus und lief ins Wohnzimmer.

»Was ist ein Cockerpoo?«, fragte Mama.

»Das kann ich dir zeigen. Das sind einfach die niedlichsten Hunde, die es gibt.« Schnell rannte ich nach oben, um *Die Welt der Hunde* zu holen.

Mama saß neben mir auf dem Sofa und sah sich zum allerersten Mal gemeinsam mit mir das Buch an. Ich zeigte ihr ein Bild von Dolly, dem Cockerpoo. Ich finde den Namen Dolly ehrlich gesagt ziemlich blöd für einen Cockerpoo, da sie am ehesten aussehen wie Teddybären, aber das sagte ich ihr nicht. Stattdessen unterhielten wir uns über die Besonderheiten dieser Rasse. Mama war wirklich interessiert. Sie wollte wissen, wie groß sie werden, welche Farbe sie haben und was sie fressen.

»Was denkst du?«, fragte ich Mama.

»Ich finde, das ist eine wirklich tolle Hunderasse«, antwortete Mama und umarmte mich. »Magst du mir einen malen? Dann hänge ich ihn an die Kühlschranktür.« Mama stand auf und watschelte in die Küche.

Die Stelle, an der Mama gesessen hatte, war jetzt ganz warm. Ich rutschte rüber und machte es mir dort gemütlich. Ich umarmte das Kissen, gegen das sich Mama zuvor gelehnt hatte. Es war auch warm.

Plötzlich schien mir die ganze Sache mit Emily und Lily gar nicht mehr so schlimm. Es störte mich nicht, dass Stevie mir immer mit seinem Brachiosaurus auf den Kopf schlug und Mama ein Baby bekam. Es war mir ganz egal, dass ich beim Basketball gegen die 5-Sekunden-Regel verstoßen hatte und Frau Gravett wie eine Irre in ihre Trillerpfeife gepustet hatte. Sollten sie mich doch ruhig Pupshose nennen, wenn es ihnen Spaß machte. Alles Traurige war auf einmal gar nicht mehr so wichtig.

Ich hatte Mama davon überzeugt, dass es gar keine schlechte Idee war, sich einen Hund anzuschaffen. Bis Weihnachten dauerte es nur noch wenige Wochen. Dann würde ich einen Hund besitzen und meine beste Freundin für immer zurückbekommen.

Liebes Tagebuch,
frohe Weihnachten!

Es tut mir wirklich leid, dass ich so lange nicht
geschrieben habe, aber es gab so viel zu tun.
Weihnachtslieder üben, Schneeflocken aus Papier
basteln, mit Emily befreundet sein und so zu tun, als
wäre ich auch mit Lily befreundet. Von morgen an
werde ich sehr viel Zeit mit meinem Weihnachtsgeschenk verbringen, aber ich verspreche, auch
Momente zum Schreiben zu finden. Alles wird so
aufregend sein, dass ich es auf keinen Fall vergessen
möchte.

Ich bin heute Morgen schon um fünf Uhr
aufgewacht, aber ich habe die anderen noch
nicht geweckt. Bei uns gibt es die Weihnachtsregel,
dass niemand vor acht Uhr geweckt wird. Ich durfte
aber schon meinen Weihnachtsstrumpf auspacken.
Das hat mir der Weihnachtsmann dieses Jahr
gebracht:

- eine Tüte mit Schokotalern
- eine Dose mit Schleim, der Pupsgeräusche von
  sich gibt, wenn man es richtig macht
- ein Hundequartett
- eine Packung Filzstifte
- eine Mandarine
- ein nigelnagelneues Tagebuch fürs nächste Jahr

Ab dem 1. Januar werde ich mein neues Tagebuch
nutzen. Ich habe bereits „Mein Hundetagebuch"
vorne draufgeschrieben und es verziert. Von jetzt an
werde ich jede Sekunde meines pfotenvollen Lebens
dokumentieren.

Mama und Papa, wacht endlich auf!
Ich bin bereit für meinen Weihnachtshund!

5 Der Weihnachtstag ist fürs Leben, nicht nur für Weihnachten

Stevie kam gegen sieben Uhr in mein Zimmer, als ich gerade die letzten pfoten- und herzförmigen Verzierungen auf dem Umschlag meines Tagebuchs vollendete.

»Frohe Weihnachten, Becca«, sagte er und sprang auf mein Bet. Dann hüpfte er auf meinem Bauch herum, als wäre ich ein Trampolin, also beschloss ich, lieber aufzustehen und mit ihm auf dem Bett zu hüpfen, bevor ich von ihm zerquetscht werden konnte. Manchmal macht es richtig Spaß, einen kleinen Bruder zu haben, weil man dann lustige Dinge tun kann, ohne dass einem jemand sagt, dass man dafür doch schon viel zu alt sei oder so etwas. Sogar Emily findet, wir seien zu alt, um auf dem Bett zu hüpfen.

Ein bisschen habe ich ihn gedrängt, seinen Weihnachtsstrumpf zu holen, und dann hat er ihn auf meinem Bett geöffnet. Der Weihnachtsmann ist ziemlich gerecht, er bringt Stevie und mir immer gleich viele Geschenke, die meisten sind sogar exakt die gleichen. Stevie bekam ein Bilderbuch anstelle des Tagebuchs und ein Dinosaurierquartett anstelle des Hundequartetts. Er wartet immer noch darauf, eines Tages einen echten, lebendigen Dinosaurier zu bekommen. Wir alle haben ihm erklärt, dass sie ausgestorben sind, aber das hält Stevie nicht davon ab, sich trotzdem einen zu wünschen.

»Ich habe Hunger«, sagte Stevie.

»Ich auch«, antwortete ich. Auf den restlichen Weihnachtstag zu warten machte ganz schön hungrig, also aßen wir unsere Schokotaler auf, die Mandarinen ließen wir allerdings liegen, sie sollten unser heimliches Geschenk an den Obstkorb werden. Dann warteten wir darauf, dass es acht Uhr wurde.

Mama oder Papa, einer von beiden macht an Weihnachten immer Pfannkuchen zum Frühstück. Pfannkuchen sind das allerbeste Frühstück der Welt, und die Schokotaler hatten uns nicht satt gemacht. Deshalb setzten wir uns auf den Absatz vor Mamas und Papas Schlafzimmer und spielten mit unserem Pupsschleim, damit sich unsere Eltern nicht heimlich nach unten schleichen konnten, ohne dass wir etwas davon mitbekamen.

Stevie quetschte seinen Schleim zurück in die Dose.

Pfffft!

Auch wenn die Behälter gleich aussahen, machte Stevies Schleim doch deutlich bessere Geräusche.

»Das war ein T-Rex-Pups«, sagte Stevie und kugelte sich vor Lachen.

Ich versuchte, ein noch lauteres Pupsgeräusch hinzubekommen, aber mein Schleim quietschte eher.

»Das war ein Chihuahuapups«, sagte ich und musste lachen, weil ich mir einen pupsenden Chihuahua gar nicht vorstellen konnte. Je mehr ich versuchte, nicht mehr zu lachen, desto weniger konnte ich aufhören, und plötzlich, ohne es zu wollen, pupste ich tatsächlich. Daraufhin heulten wir beide vor lauter Lachen, weil ein total zufälliger Pups noch viel lustiger ist als ein geplanter. Das einzige Problem war, dass Stevie sich ausgeschlossen fühlte.

»Jetzt kommt ein Steviesaurus-Pups!« Stevie verzog das Gesicht und hob seinen Po an.

»Stopp«, rief ich, »sonst machst du dir noch in deinen Schlafanzug.«

Aber da war es schon zu spät, und ich musste Mama und Papa schon vor acht Uhr wecken, was nicht gerade ein gelungener Start in den Weihnachtstag war.

Papa machte Pfannkuchen, weil Mama übel war. Sie schmeckten superlecker, aber aus irgendeinem Grund hatte keiner von uns Lust auf Nutella, also aßen wir sie mit Zitronensaft und Zucker, ganz traditionell. Dann zogen wir uns alle an und putzten uns die Zähne. Ich entschied mich gegen mein festliches Kleid, da ich schließlich wusste, dass Welpen ebenso leicht Missgeschicke passieren wie kleinen Brüdern, besonders wenn sie ihre neue Besitzerin – MICH!! – zum ersten Mal treffen.

Mama brauchte eine Ewigkeit im Badezimmer und glitzerte von Kopf bis Fuß, als sie wieder herauskam. Papa trug ein blinkendes Geweih, und wir waren alle bereit für unsere Geschenke.

»Wer möchte zuerst?«, fragte Papa.

»Ich möchte die Letzte sein«, sagte ich. Das kam mir gerecht vor, da ich ja bereits wusste, was ich bekommen würde, und sobald mein Welpe erst einmal aus seinem Versteck gekommen war, würde ich mich eh für nichts anderes mehr interessieren. Also war es doch besser, dass Papa sein Geschenk von Oma zuerst öffnete, sodass ich Überraschung vortäuschen konnte, wenn er die fünf Paar Socken auspackte, die er jedes Jahr bekam.

Zuerst war Stevie an der Reihe. Papa reichte ihm ein riesiges Paket. »Das ist von deiner Mutter und mir.«

Stevies Geschenk war so groß, dass ich ihn gar nicht mehr sehen konnte, aber ich hörte ihn schnaufen, als er das Papier aufriss.

»Wow!«, sagte er. »Ein Dinosaurier. Genau wie ich ihn mir schon immer gewünscht habe. Ich nenne ihn Rexy.«

Es war ein ferngesteuerter Dinosaurier, der laufen und sprechen konnte. Mama und Papa waren einfach genial. Sie wussten, wie Stevie sich aufregen würde, wenn er nicht etwas ganz Ähnliches bekommen würde wie ich, und da er unmöglich einen lebendigen Dinosaurier bekommen konnte, war ein ferngesteuerter das Nächstbeste.

Papa packte die Socken von Oma aus und das Geschenk von Stevie und mir, ein Buch mit dem

Titel *Fantastische Familiengerichte*. Ich hatte es ausgesucht, da ich keine Lust mehr auf Spaghetti bolognese hatte. Papa bedankte sich und gab uns beiden einen Kuss.

Von Mama bekam er eine neongrüne Smartphone-Hülle, da er sein Telefon ungefähr fünfzig Mal am Tag verliert und sie sich so erhoffte, dass er es schneller wiederfand.

»Danke dir, Sarah, so kann ich mein Telefon gar nicht mehr verlieren.« Papa umarmte sie fest.

Papas Geschenk für Mama war nur ein Umschlag, darin befand sich ein Gutschein für ein Entspannungswochenende, mit Fußmassage und allem, was dazugehört, bevor das Baby zur Welt kommen sollte. Mir kam das jetzt nicht so besonders vor, aber Mama standen die Tränen in den Augen, als sie sich bei Papa bedankte.

Ich weiß gar nicht, warum sich alle so anstellen. Mama hat doch schon einmal ein Baby bekommen. Zweimal, um genau zu sein. Sie weiß also, was zu tun ist, und ich habe keine Ahnung, was ein Wochenende, an dem man die Füße von Fremden geknetet bekommt, leichter machen soll. Aber Mama sah glücklich aus, und darauf kommt es schließlich an.

Dann war ich an der Reihe.

Am Anfang dachte ich, Papa wolle mich ver-
äppeln, als er mir ein flaches, weiches Päck-
chen reichte. Aber er konnte schließlich keinen
lebenden Welpen eingewickelt und die ganze Nacht unter dem Baum gelassen haben, also
musste es sich um irgendwelches Zubehör han-

deln. Etwa einen Hundemantel oder ein Hundebett. Ich wusste, dass er, während ich gerade das Geschenk öffnete, den Welpen aus seinem Versteck holen würde, wo auch immer das war. Also versuchte ich, meine Freude noch zurückzuhalten, um Mama und Papa nicht die gelungene Überraschung zu verderben, dass sie mir endlich die eine Sache geschenkt hatten, die ich mir so sehnlich wünschte.

»Wow, was das wohl sein kann!«, sagte ich, als ich das Papier aufriss. Eigentlich hätte ich mich auf das Geschenk konzentrieren sollen, aber meine Augen waren auf die Tür gerichtet, durch die mein geliebter Hund jeden Augenblick hereingerannt kommen würde. Ich wollte nicht eine einzige Sekunde meines hundevollen Lebens verpassen.

Dann bemerkte ich allerdings, dass Mama und Papa immer noch Arm in Arm auf dem Sofa saßen. Und Stevie schmuste mit seinem Dinosaurier, auch wenn er glänzte, weiß war und einen

Schwanz hatte, der wie eine Fingerspitze aussah und weder weich noch kuschelig aussah.

Wer also würde meinen Hund hereinbringen?

Ich sah das Geschenk an, das ich ausgepackt hatte. Es war weder ein Hundemantel noch ein Hundebett oder sonst irgendetwas, das zu einem Hund gehörte. Es war eine dunkelblaue, samtige Umhängetasche, auf die ein weißer, kuscheliger Hund – vielleicht sogar ein Cockerpoo – aufgenäht war.

Das war mein Weihnachtsgeschenk von Mama und Papa: eine Handtasche.

Liebes Tagebuch,
ich habe echt versucht, froh und dankbar auszusehen, wirklich. Es war ein sorgfältig ausgewähltes Geschenk, das sicher vielen Kindern gefallen hätte. Aber ich war keines dieser Kinder. Ich war ich.
Rebecca Jean Sanderson, 10 1/2 Jahre alt
Ich wollte einen echten Hund zu Weihnachten.

Kuschelig, liebevoll, warm und weich. Einen besten Hundefreund für immer. BHFFI. Keinen aus Plastik. Mama hat gesagt, dass sie Cockerpoos wirklich gut findet, und ich habe doch nur eine einzige Sache auf meine Wunschliste geschrieben. So möchte Emily sicher nicht wieder meine Freundin sein. Niemand hat mich richtig beachtet, und deshalb habe ich geschrien und geschrien und bin auf mein Zimmer geschickt worden.

Der einzige Hund, für den ich mich interessiere, ist Chloe, ein Bild in „Die Welt der Hunde". Ich ertrage es nicht, das Bild von Dolly, dem Cockerpoo, anzusehen. Chloe und ich verstecken uns gemeinsam mit siebenundzwanzig Plüschhunden und vom Weinen geröteten Augen unter der Bettdecke. Die Handtasche habe ich unten gelassen.

Mein Pfoten-und-Herz-Tagebuch wird für immer leer bleiben.

Kein Hund. Keine Emily. Nichts.

6 Familienfest bei Familie Jones

Mamas Geburtsname ist Jones. Am zweiten Weihnachtstag treffen wir uns immer mit der sehr großen und sehr lauten Jones-Familie. Papa erzählt, dass er bei seinem ersten Treffen mit ihnen Ohrstöpsel brauchte. Wir sehen uns meist nur einmal im Jahr, und zwar heute.

In mir drin fühlte sich immer noch alles etwas wackelig und wütend an, aber Mama und Papa hatten kein einziges Wort über meinen aufgebrachten Zustand verloren. Papa machte noch einmal Pfannkuchen, und Mama umarmte mich so wie immer, als hätte ich keinen riesigen Wutanfall gehabt.

Ich schämte mich für mein undankbares Verhalten. Ich war aus Enttäuschung so explodiert, und jetzt konnten wir noch nicht einmal darüber reden, da wir zum Familienfest mussten.

Dieses Jahr fand das Treffen der Familie Jones bei Onkel Bob (Mamas ältestem Bruder) und Tante Sue statt. Eigentlich wären wir an der Reihe gewesen, aber Mamas Babybauch hatte (nicht zum ersten Mal) einen Strich durch die Rechnung gemacht, weshalb alles zu Onkel Bob verlagert worden war.

Die gesamte Familie Jones klatschte und jubelte, als wir ankamen.

»Sarah, du siehst aus wie das blühende Leben«, rief Bob über die Köpfe der anderen hinweg.

»Wohl eher wie das müde Leben«, sagte Mama, als sie in das Zimmer watschelte, die prall gefüllte Handtasche an sich gedrückt. Mama hat eine Heidenangst davor, ihre Krankenhausunterlagen zu verlieren, und schleppt sie deshalb überall mit hin. Irgendwer machte Platz für sie auf dem Sofa, und Mama ließ seufzend ihr gesamtes Schwangerschaftsgewicht darauf fallen.

Ich trug ein Tablett mit Würstchen im Schlaf-rock und balancierte darauf außerdem noch eine Schale mit Nachtisch, während Papa einen Bierkasten hereinbrachte. Stevie verschwand mit Rexy im Fernsehzimmer, wo bereits alle an-deren jüngeren Cousins waren.

Vielleicht war ich nicht mehr Emilys beste Freundin, aber ich musste sie unbedingt darum bitten, mir Nachhilfe im Schauspielern zu ge-ben. Ich bin nämlich alles andere als gut darin, Fröhlichkeit vorzutäuschen, wenn ich schlecht drauf bin. Ganz besonders schwer fällt mir das jedoch auf Festen, bei denen alle glücklich und ausgelassen sind und sich lautstark »Frohe Weihnachten« wünschen, weil sie die Festtage so sehr mögen.

Ich drängte mich aus der Küche hinaus und ging ins Wohnzimmer, das ebenso vor Cousins und Cousinen sowie Tanten und Onkel der Fa-milie Jones fast aus allen Nähten platzte. Au-ßerdem waren noch ein paar Partnerinnen und

Partner sowie ältere Verwandte aus Tante Sues Familie gekommen.

An die siebenundsechzig Mal wurde ich gefragt, ob ich das Fest genießen würde. Fünf Mal allein von Tante Sylvia, die in jeder Hand ein Glas Sekt hielt. Also nickte ich nur und sagte, dass es mir gut gehe. Dass das nicht stimmte, fiel eh niemandem auf. So ist das immer auf den Festen der Familie Jones, alle reden ununterbrochen durcheinander, und keiner hört zu.

Ich ging ins Fernsehzimmer und hoffte, dort etwas Ruhe zu finden. Fehlanzeige. Alle kleineren Cousins hatten sich um Stevie herum versammelt, der mit Rexy angab. Keine Ahnung, warum. Das blöde Teil konnte schließlich nicht gerade viel. Seine Augen leuchteten rot auf. Es schleppte sich vorwärts, und gleichzeitig war ein nach Plastik klingendes Brüllen aus dem Lautsprecher auf seiner Brust zu hören. Plastiksaurus Rexy war der erbärmlichste Dinosaurier, den ich je gesehen hatte.

»Frohe Weihnachten, Becca!« Onkel Bob ging gut gelaunt herum und füllte die Getränke der Erwachsenen nach. »Moment.« Er hielt mich fest. »Kein Getränk? Nichts zu essen? Das sieht mir ganz nach einer Krise aus. Mal schauen, das haben wir gleich.«

Ich versuchte, Onkel Bob zu erklären, dass das leere Gefühl in meinem Magen nicht vom Hunger kam. Es war ein leerer, hundeloser Schmerz, aber er hörte mir nicht zu. Er fasste mich an den Schultern und schob mich zu dem mit Essen beladenen Tisch. Ohne mich zu fragen, schaufelte er mir hart gekochte Eier, Hähnchenschenkel, Karottenstifte und Krabbenpasteten auf einen Teller.

»Iss, sonst wird das Essen noch kalt«, sagte er und drückte mir den Teller mit kaltem Essen in die Hand, dann musste er selbst den Weg für eine der Tanten frei machen, die versuchte, auf dem Tisch noch ein Plätzchen für eine Schwarzwälder Kirschtorte zu finden.

Ich wollte eigentlich gar nichts essen, kam mir jedoch bei dem Gedanken sehr unhöflich vor. Wie viele Menschen haben weder riesige Essensberge noch vergnügte Verwandte, mit denen sie den Tag verbringen können? Also versuchte ich, einen Ort zu finden, um mich hinzusetzen.

Vier meiner Cousins und Cousinen saßen auf einem der Sofas und stopften sich voll. Als sie bemerkten, dass ich verloren herumstand, rückten sie zusammen und machten Platz für mich. Ich quetschte mich zwischen die Lehne und meinen riesigen Cousin Tim, der bereits ein Teenager war.

»Alles klar, Becca?«, fragte er, den Mund voller Weihnachtsköstlichkeiten.

Ich nickte, wodurch mein Teller in Schieflage geriet und eins der hart gekochten Eier auf den neuen Teppich zurollte. Tim fing es auf, und bevor ich reagieren konnte, hatte er es mir bereits in den Mund gesteckt.

Das Gute an dieser unerwarteten Fütterung war, nichts sagen zu können und somit in diesem Augenblick auch nicht die ganze Sache mit der Hundelosigkeit und allem, was dazugehörte, erklären zu müssen.

»Möchtest du einen Lebkuchen?« Meine Cousine Bella tauchte aus dem Gedränge auf. Sie stand so nah am Sofa, dass sich unsere Knie berührten. Bella ist genauso alt wie ich, aber das war es auch schon mit den Ähnlichkeiten. Beim letzten Mal, als ich mit ihr gesprochen habe, sammelte sie noch die Tierfiguren der Sylvanian Families. Bella hielt mir einen Teller mit Lebkuchen unter die Nase: »Die habe ich selbst gemacht!«

Ich sah zu ihr auf, mein Mund war noch zu voll zum Sprechen. Ein dicker grüner Popel verstopfte eins von Bellas Nasenlöchern. Nein, ich wollte keine Lebkuchen.

»Ich habe ein rosa-weiß gestreiftes Einhorn zu Weihnachten bekommen«, sagte Bella.

»Aus dem Weg!« Tante Sylvia drängte sich mit zwei Flaschen Sekt durch die Menge. Bella wich ihr aus, indem sie ihr volles Gewicht auf meinen Fuß verlagerte und mir dabei mit dem Teller gegen den Kopf stieß.

»Ich nehme einen Lebkuchen«, sagte Tim. Er zog einen seiner langen Arme aus den Tiefen des Sofas hervor und wählte einen popelfreien Leb-

kuchen von ganz unten aus. Das schien seinen
Zweck zu erfüllen. Bella ging von meinem Fuß
hinunter und verschwand zwischen den anderen Leuten.

»Sie ist weg«, sagte Tim und zwinkerte mir zu.

»Danke«, erwiderte ich. »Ich bin gerade nicht
in der Stimmung, um mich mit ihr auseinander-
zusetzen.«

»Hast du etwa auch ein rosa-weiß gestreiftes
Einhorn zu Weihnachten bekommen?«, fragte
Tim.

»Nein.« Ich blickte auf meinen Teller hinab,
damit Tim mein Gesicht nicht sehen konnte.

Das Problem, wenn man mit seinen Verwand-
ten auf einem Sofa zusammengepfercht ist und
noch nie an einer Theater-AG teilgenommen
hat, ist, dass man nicht weiß, wie man seine Gefühle verstecken soll. Tim ist einer meiner äl-
testen Cousins. Er studiert schon. Ich kenne ihn
nicht besonders gut, aber irgendwie wusste er
sofort, was ich dachte.

»Das tut mir leid.« Er ließ den Lebkuchen sinken und legte mir seinen langen Arm um die Schulter. »Ich kann dir ein rosa-weiß gestreiftes Einhorn kaufen, wenn du möchtest.«

»Nein, danke.« Verzweifelt versuchte ich, die Tränen hinter den Augenlidern zurückzuhalten.

»Was hattest du dir denn zu Weihnachten gewünscht?« Tims Stimme klang weich und sanft, zum ersten Mal kam es mir so vor, als wolle wirklich jemand etwas von mir wissen und würde mir auch zuhören.

»Einen echten Hund«, flüsterte ich, und die Tränen schossen aus meinen Augen und tropften auf meine Hähnchenschenkel.

»Mein Wunsch ist auch nicht in Erfüllung gegangen.« Tims Stimme zitterte. »Ich habe mir gewünscht, mit einem Mädchen zusammen zu sein, sie heißt Miranda. Aber sie ist nicht an mir interessiert.« Er warf einen Blick auf sein Telefon und steckte es dann wieder in die Hemdtasche.

Ich spürte einen dicken Kloß in meinem Hals. Dieses Mal war es kein hart gekochtes Ei. Sondern tiefe dunkle Traurigkeit. Eine für mich und eine für Tim. Zwei Traurigkeiten zusammen waren deutlich größer als ein hart gekochtes Ei.

»Bestimmt denken deine Eltern, dass ein Hund zu viel des Guten wäre, besonders jetzt mit dem Baby.«

»Ich dachte, sie hätten ihre Meinung geändert«, sagte ich. »Ich dachte, wir bekämen unseren eigenen Einbrecher vertreibenden Hundealarm. Ein echter Hund war mein einziger Weihnachtswunsch. Ich weiß, wie man einen Hund erzieht und alles.«

»Miranda hat einen Hund. Fifi.« Tim sah aus dem Fenster. »Als wir noch zur Schule gegangen sind, habe ich immer im Park rumgehangen und gehofft, sie würde dort mit ihm spazieren gehen. Ich wollte sie so gern sehen. Der Hund muss mittlerweile ganz schön alt sein.« Tim nahm sein Telefon und ließ es wieder sinken.

»Also magst du sie schon länger«, sagte ich.

»Ja. Wir haben sogar am selben Tag Geburtstag, am 28. Dezember. Kein guter Zeitpunkt zwischen Weihnachten und Silvester«, sagte Tim.

»Darüber reden wir immer.« Er lächelte. Kein fröhliches, optimistisches Lächeln, eher ein traurig-hoffnungsvolles.

Diesen Gesichtsausdruck kenne ich nur zu gut. Auch wenn ich mich in den Augenblicken, in denen ich mich hundelos fühle, selbst nicht sehen kann, weiß ich, dass ich genauso aussehe wie Tim in diesem Augenblick.

Ein Hund für mich. Miranda für ihn. Ein und dieselbe Sache.

Ich konnte überhaupt nicht nachvollziehen, warum Miranda nicht mit ihm ausgehen wollte. Er war so lieb. Zum ersten Mal verstand ich, was diese ganze Freund-/Freundin-Sache bedeutete. Ich war zwar noch nicht so weit, aber konnte mir vorstellen, dass es für Teenager ziemlich schön sein musste.

Er schaute schon wieder auf sein Telefon.

»Ist sie das?« Ich zeigte auf das Hintergrund-foto. Darauf war Tim mit einem Mädchen, das stachelige pinke Haare hatte. Sie lachten.

»Nein, das ist Abi. Nur eine Freundin. Meine beste Freundin, könnte man sagen.«

»Sieht aus, als hättet ihr Spaß.«

»Ja, das war der Tag, an dem wir unsere Ab-schlusszeugnisse bekommen haben. Wir haben beide genau die Noten bekommen, die wir uns ausgemalt hatten. Dann sind wir hinunter zum See. Es war ein toller Tag.«

»War Miranda auch dabei?«

»Nein, sie ist mit ihren Freunden irgendwo anders hingegangen.«

»Tim!«, schrie Onkel Femi durch den ganzen Raum. »Da ist jemand an der Tür für dich.«

»Wer?«, wollte Tim wissen.

»Miranda!«, rief Onkel Femi.

7 Barbie und die Truthahnknochen

Tims trauriges, mirandaloses Gesicht färbte sich rot, genau wie meins manchmal. Das muss wohl in der Jones-Familie liegen. Von einem Augenblick auf den nächsten wurde aus einem supercoolen Teenager eine verliebte Tomate.

»Tim?«, rief Onkel Femi. »Was soll ich ihr sagen?«

»Ich komme schon«, rief Tim zurück. Er gab mir seinen Teller und stemmte sich aus dem Sofa hoch. Er strich sich mit den Fingern durch die Haare. »Wie sehe ich aus?«, fragte er.

»Wie ein Welpe«, antwortete ich, aber er war schon zwischen den anderen verschwunden. Wahrscheinlich hätte ich einfach dort sitzen bleiben und erfolglos so tun können, als würde ich Weihnachten mögen, aber ich wollte mir Miranda anschauen, um zu sehen, wie sie so war.

Also ließ ich unsere beiden Teller stehen und folgte Tim.

Das Mädchen neben dem riesigen schwarzen Wagen in der Auffahrt war absolut *nicht* das, was ich erwartet hatte. Da es unhöflich ist, jemanden anzustarren, versteckte ich mich halb hinter der Eingangstür und starrte von dort aus.

Ich glaube, Miranda versuchte, Barbie zu sein. Blonder Pferdeschwanz und neonfarbene Sommerkleidung, die mitten im Winter total lächerlich wirkte. Ich konnte sie mir einfach nicht als Tims Freundin vorstellen.

»Hallo, Tim!« Sie wedelte mit den Händen, als versuche sie, diese nach dem Waschen trocken zu schütteln, weil es kein Handtuch gibt.

Tim stolperte vorwärts. Er sah gar nicht mehr so riesig aus. Die Liebe hatte ihn schrumpfen lassen.

»Ich habe ein Problem.« Die Worte kamen ihr nur zögerlich über die Lippen. »Kannst du mir helfen?« Sie klang genau wie Zoe Smith.

»Ja, klar. Natürlich doch.« Tims Augen schauten unruhig zwischen der Auffahrt und Mirandas Gesicht hin und her.

»Könntest du diese Woche auf meinen Hund aufpassen? Also ab sofort. Wir sind auf dem Weg zum Flughafen, und der Hundesitter hat uns sitzen lassen.«

Ein Hund? Mein Herz spielte verrückt. Mein Kopf noch mehr. Mirandas Hund? Fifi? Tim? Ich? Sag Ja! Sag Ja! Sag Ja!

Tim nickte, und ich hielt es einfach nicht mehr hinter der Tür aus. Ich riss sie weit auf und rannte nach draußen.

»Hallo!«, sagte ich, als würde ich mit Miranda sprechen, aber eigentlich meinte ich Fifi, der scheinbar noch im Kofferraum vom Auto steckte, da ich ihn nirgendwo entdecken konnte.

»Das ist meine Cousine Becca«, sagte Tim. »Sie ist eine Hundeexpertin.«

»Ich weiß alles über Hunde!«, rief ich laut. »Hunde sind mein Leben.«

»Becca wohnt in der Nähe. Sie wird mir dabei helfen, mich um Fifi zu kümmern.« Tim beugte sich vor, etwas näher an Miranda heran. Ich glaube, er wartete auf einen Kuss oder so etwas, was normalerweise total ekelig gewesen wäre, aber in diesem Augenblick störte es mich überhaupt nicht.

»Nicht Fifi.« Miranda verzog den Mund, und ihre Augen füllten sich mit Tränen. »Der ist gestorben.«

Armer Fifi!

»Das tut mir leid.« Tim machte eine Geste in Mirandas Richtung, sie wich jedoch zurück.

Mirandas Vater ließ das Autofenster hinunter.

»Beeil dich, Miranda!«, sagte er und wandte sich dann an Tim. »Danke, dass du so kurzfristig auf das Monster aufpasst.«

»Papa, nenn ihn nicht so«, sagte Miranda. »Er heißt Monty.«

»Was für ein schöner Name«, sagte ich, und mein Herz hüpfte wie wild. Es gab einen Monty in *Die Welt der Hunde*. Er war ein winziger West Highland Terrier mit einem karierten Halsband.

Ich stellte mir immer vor, er belle mit schottischem Akzent. Die Sache mit Fifi war wirklich traurig, aber ich wollte mich nicht beschweren, wenn ich mich stattdessen um den Terrier Monty kümmern konnte.

»Macht ja nichts«, sagte Tim. »Hast du seine Sachen dabei?«

Mirandas Kopfnicken erinnerte mich an nasse Algen. Sie holte ein luftmatratzengroßes Hundebett und einen gewaltigen Sack Hundefutter vom Rücksitz. »Das sollte für die Woche reichen.«

Tim zog unter seinem fransigen Pony die Augenbrauen hoch.

Ich habe keine Ahnung, was meine Augenbrauen machten, aber ein Wirbelwind aus Fragen stürmte in meinem Kopf und hätte mich beinahe fortgeblasen. Was für ein Hund brauchte wohl solch ein riesiges Bett?

Danach verschwamm alles vor mir. Ich erinnere mich nur an einen schwarz-weißen Blitz, lange Beine und daran, wie mein Körper gegen die kalte Auffahrt gepresst wurde. Ich lag plötzlich flach auf dem Rücken und starrte in die bratensoßenbraunen Augen eines riesigen Hundes, der auf meiner Brust stand. Seine Nase war sehr feucht, und sein heißer Atem wehte mir ins Gesicht.

Ich konnte seinen Körper nicht richtig sehen, aber Monty hatte genau dieselbe Statur und fast dieselbe Größe wie Chloe, die Deutsche Dogge. Sein Gesicht war schwarz, bis auf einen weißen, krummen Streifen, der seine gesamte Schnauze entlanglief. Seine Rasse konnte ich nicht bestimmen. Er sah kein bisschen nach Monty, dem West Highland Terrier, aus und hatte auch kein kariertes Halsband, aber er war der beste Hund der Welt, und ich liebte ihn.

»Alles in Ordnung bei dir, Becca?«, fragte Tim, als er Monty an seinem Halsband von mir wegzerrte.

»Mir geht es gut.« Ich rappelte mich auf und tätschelte Montys wundervollen Kopf. Er hob die Nase und stieß mich an, damit ich ihn weiterstreichelte. Wow! Er hatte mich jetzt schon ins Herz geschlossen.

»Er ist ziemlich groß.« Tim klang etwas beunruhigt. »Was werden meine Eltern …?«

Es gab keinerlei Zweifel daran, dass Onkel Bob und Tante Sue ausflippen würden, wenn sie Monty sahen. Sie wollten sicher nicht, dass so ein riesiger Hund eine Woche lang bei ihnen blieb. Wenn sie jetzt herauskämen, würden sie Miranda bitten, Monty wieder mitzunehmen. Das durfte auf gar keinen Fall passieren. Miranda musste sich schnellstmöglich auf den Weg zum Flughafen machen.

»Das hier ist meine Nummer.« Mirandas Vater reichte Tim durch das Autofenster hindurch seine Visitenkarte. »Ich rufe dich gleich an, um das Monster abzuholen, wenn wir wieder da sind.«

»Danke, dass du dich um ihn kümmerst.« Miranda verzog den Mund zu einem schmalen Lächeln. »Ich wünsche dir einen schönen Geburtstag!«

»Danke.« Tim lächelte genauso zurück.

Wir hatten jetzt keine Zeit für Gefühlsduseleien. Ich griff nach Montys Leine in Mirandas ausgestreckter Hand und befestigte sie an seinem Halsband. »Ich nehme an, Miranda muss sich jetzt auf den Weg machen.« Dann beugte ich mich zu Tim hinüber. »Werde sie jetzt endlich los. Wenn deine Eltern rauskommen und sehen ...«

Tim nickte und brachte Miranda zum Wagen.

Monty wollte sich nicht von Miranda verabschieden. Er wollte lieber den Weg, der zum Garten hinter dem Haus führte, näher in Augenschein nehmen.

Keine Ahnung, ob Miranda Tim zum Abschied einen Kuss gab, ich sah nicht hin. Ich war viel zu sehr damit beschäftigt, mich um meinen neuen BHFFI zu kümmern, der versuchte, an die Mülltonne zu kommen.

Sich um einen Hund zu kümmern ist ganz schön schwierig, wenn man es noch nie zuvor getan hat. Monty reagierte überhaupt nicht auf meine Rufe. Ich zog an seiner Leine und sagte »Bei Fuß!«, wie es in den Büchern beschrieben wird, aber es war hoffnungslos. Monty wollte die Mülltonne.

Er sprang daran hoch und steckte seine Nase unter den Deckel. Dann bewegte er seine Schnauze ruckartig, der Deckel flog hoch und krachte gegen die Wand. Ich versuchte, Monty in Schach zu halten, aber die Mülltonne war bis zum Rand mit weihnachtlichem Kram vollgestopft, auf den er es abgesehen hatte. Seine Pfote schoss nach vorn, zerriss einen Müllbeutel und gab den Blick auf das Gerippe eines Truthahns frei, an dem noch Fleischfetzen hingen.

Der Geruch nach Weihnachtsessen weckte Superkräfte in Monty. Er warf sich nach vorn. Seine Pfoten waren fast einen Meter vom Boden entfernt, und die riesige Mülltonne kippte um. Truthahnknochen, Cranberrysoße und nicht angerührte Rosenkohlröschen verteilten sich in der Auffahrt.

Monty machte einen Satz auf das Truthahngeripe zu. Ich stemmte meine Füße in den Asphalt und versuchte, ihn zurückzuziehen. Monty bellte auf eine seltsame Art, als das Halsband ihm die Luft abdrückte. Es tat ihm sicher weh, aber daran konnte ich nichts ändern. Ich durfte ihn auf keinen Fall Truthahnknochen fressen lassen, das würde ihn umbringen. Er konnte bereits tot sein, bevor Miranda den Flughafen erreicht hatte, was aus vielerlei Gründen schrecklich wäre.

»Lass das!«, schrie ich. Tim fummelte unten an meinen Füßen herum und versuchte verzweifelt, die Reste vor Monty in Sicherheit zu bringen, zurück in die Mülltonne. Aber Monty war einfach zu schnell, er kaute bereits ein paar Kartoffeln und dachte überhaupt nicht daran, den Truthahn aufzugeben.

»Stopp, Monty!« Ich zerrte noch einmal an seinem Halsband, aber er hätte mir beinahe den Arm ausgerissen.

Die Eingangstür öffnete sich. Onkel Bob und Tante Sue standen mit weit aufgerissenen Mündern auf der Schwelle. Ein dickes Rosenkohlrröschen rutschte Tim aus der Hand und rollte über den Asphalt. Es blieb genau zwischen Tante Sues knallroten Partyschuhen liegen.

»Was zum Teufel noch mal ist hier eigentlich los?«, rief Onkel Bob dröhnend.

8 Ein Weihnachtswunder

Monty hob den Kopf und jaulte.

Tim kratzte sich selbst und die Reste vom Asphalt und warf den aufgerissenen Müllsack zurück in die Tonne. Auf seiner Wange war eine rosafarbene Spur. Cranberrysoße oder Mirandas Lippenstift – ich wusste es nicht.

Mit der einen Hand hielt ich Monty sehr kurz an der Leine, mit der anderen streichelte ich seine seidenweichen Ohren, was ihn zu beruhigen schien. Nahrung und Liebe waren genau das, was er brauchte.

»Guter Junge«, murmelte ich, da ich wieder mal das Bedürfnis hatte, einen dieser unerträglichen Momente der Stille zu füllen, und wollte, dass Monty sich fünf Sekunden lang benahm.

»Ich erwarte sofort eine Erklärung, Timothy«, befahl Onkel Bob. Er klang fast wie ein Soldat.

»Ich passe die Woche über auf den Hund auf.«
Tim leckte sich die Lippen. »Ein Freundschafts-
dienst.«

»Tja, das wird wohl nichts!«, schnaubte Tante Sue. Sie ist zwar nie bei der Armee gewesen,
kann jedoch deutlich furchterregender sein als
Onkel Bob.

»Und ob!«, sagte Tim, als er sich zu seinen
Eltern umdrehte. Sein Gesicht war eine unbe-
stimmte Mischung aus den Gesichtern seiner Eltern, gerade wirkte er jedoch eher jämmerlich
als furchterregend. Er griff nach Monty.

Der ließ sich nicht zweimal bitten. Er sprang
hoch und leckte mit seiner Zunge über das rosafarbene Zeug in Tims Gesicht.

»Runter da, Tollpatsch!« Tim schob Monty von
sich weg, beugte sich aber trotzdem nach unten,
um ihn zu umarmen. Hunde sind sehr nützlich,
wenn man seine Gefühle verbergen möchte, also
hockte ich mich dazu und machte bei der Gruppenumarmung mit.

»Wir fahren morgen in Urlaub. Eine Woche Skilaufen. In Courchevel." Tante Sues Worte klangen scharf und entschieden.

»Das wusste ich nicht«, sagte Tim.

»Das liegt daran, dass es ein Überraschungsgeschenk zu deinem Geburtstag sein sollte.«

»Ruf deinen Kumpel an, sag ihm, dass er sofort kommen und seinen Hund abholen soll«, sagte Onkel Bob.

Tim sah mich über den Rücken von Monty hinweg an, er war ganz blass geworden.

Armer Tim! Seine Eltern hatten ein riesiges Geburtstagsvergnügen für ihn organisiert, als er gerade dabei war, mit Miranda anzubandeln. Ich hatte keine Ahnung, was ich tun sollte, aber irgendetwas musste ich mir einfallen lassen, also stand ich auf und sagte mit meiner besten Rednerstimme: »Dafür ist es zu spät. Mirandas Flugzeug ist schon in der Luft.«

Das stimmte zwar nicht ganz, aber das mussten Onkel Bob und Tante Sue ja nicht wissen.

»Wer ist Miranda?«, fragte Onkel Bob.

»Diese Dumpfbacke, in die Tim schon seit Jahren verknallt ist.« Tante Sues Worte flogen durch die Luft und stachen Tim mitten ins Herz. Ich hatte noch nie bemerkt, wie fies sie sein konnte.

Tim vergrub sein Gesicht in Montys Fell, und ich hätte es ihm am liebsten gleichgetan. Selbst Monty sah auf und zog die Augenbrauen hoch.

Genau diesen Augenblick wählte Papa, um nach mir zu suchen.

»Da bist du ja, Becca.« Er quetschte sich an Bob und Sue vorbei. »Wir müssen los, Liebes. Mama geht es nicht so gut, und sie möchte lieber nach Hause.« Papa redete einfach mit hundert Wörtern pro Minute weiter, ohne zu bemerken, in welche Situation er gerade hineingeraten war. »Entschuldige, Bob. Wir müssen wirklich gehen. Diese Schwangerschaft ist der reinste Albtraum für Sarah. Wow! Das ist aber ein großer Hund. Wo kommt der denn auf einmal her?«

»Timothy hat gerade irgendeinem Mädchen versprochen, eine Woche lang auf ihn aufzupassen«, sagte Onkel Bob. »Ab heute.«

»Miranda«, warf ich ein. »Sie heißt Miranda.« Ich wollte mich für Tim einsetzen, aber keiner der Erwachsenen beachtete mich.

»Wolltet ihr nicht in Skiurlaub fahren?«, fragte Papa.

»Ganz genau«, sagte Tante Sue.

»Oje«, seufzte Papa.

Tim war immer noch zu sehr damit beschäftigt, seine Gefühle in Montys Fell zu verstecken, also redete ich an seiner Stelle. Frau Travers wäre stolz auf mich gewesen. Ich atmete tief ein und starrte einen Fleck auf der Tür an, der sich genau über Bobs Kopf befand.

»Mirandas Hundesitter hat sie in der letzten Minute hängen lassen«, sagte ich laut und deutlich.

»Das ist doch nicht unser Problem«, erwiderte Tante Sue.

»Aber es ist ein Problem für Tim«, sagte ich. »Er mag Miranda wirklich sehr gern.«

Onkel Bob sagte gar nichts, sah jedoch Tim stirnrunzelnd an.

»Vielleicht könnte jemand anders aus der Familie auf ihn aufpassen?«, schlug Papa vor.

Onkel Bobs Stirnrunzeln verschwand.

»Das wäre ja fantastisch, vielen Dank.« Bob nahm Papas Hand und schüttelte sie wie wild. »Es ist ja nur eine Woche, und der Hund sieht

wirklich spitze aus. Ich bin mir sicher, dass er keine Probleme machen wird. Du bist unsere Rettung in der Not.« Bob schlug Papa auf den Rücken. »Das sind doch mal gute Neuigkeiten, nicht wahr, Sue? Marcus hat sich gerade angeboten, den Hund für die Woche zu nehmen. Alle sind zufrieden.«

»Aber …?«, sagte Papa.

Ich brauchte einen Augenblick, bis ich verstand, was gerade geschehen war. Onkel Bob hatte soeben meine Familie dazu verpflichtet, den Hund zu sitten, und ich glaube, Papa hatte zugestimmt. Oder zumindest nicht widersprochen.

»Du wirst doch sicher mithelfen, Becca?« Plötzlich klang Onkel Bob gar nicht mehr wie ein Soldat, sondern geradezu fröhlich.

»Ja, ich weiß alles über Hunde«, sagte ich.

»Genau das Richtige für deine Mutter, um nicht ständig über das Baby nachzudenken«, sagte Tante Sue, drehte sich zu meinem Vater um und küsste ihn auf die Wange.

Papas Mund öffnete und schloss sich wieder wie der eines hungrigen Goldfischs.

Auch ich konnte nichts sagen. Ich musste so sehr grinsen.

Tim stand auf und drückte meinen Arm. »Danke, Becca«, sagte er, »du bist echt eine super Cousine.«

»Ich habe doch gar nichts gemacht, es war dein Vater. Und auch meiner, irgendwie«, sagte ich.

»Aus dem Weg, schwangere Frau im Anmarsch«, rief drinnen irgendwer, und schon kam Mama aus der Tür gewatschelt. Zusammen mit Stevie.

»Können wir jetzt endlich los? Es geht mir nicht gut.«

Papa antwortete nicht.

»Was ist denn mit dir mein Schatz?«, wollte Mama wissen.

Nun sah Papa so aus, als müsse er sich gleich übergeben.

»Wir haben wohl einen ungebetenen Gast in der nächsten Woche.«

»Tim?« Mama sah gleichzeitig angeschlagen und verwirrt aus.

»Nicht ganz.« Papa zeigte auf Monty, und seine Hand zitterte dabei.

Ich zog meinen BHFFI ganz nah an mich heran und tätschelte ihm die Seite. Er fühlte sich warm und kuschelig an, genau wie es sich für einen BHFFI gehört.

Manchmal ist es gar nicht so schlecht, dass Mama schwanger ist. Jetzt war einer dieser Augenblicke.

Mama sah Monty fragend an, hielt sich die Hand vor den Mund und rannte zum Blumenbeet, um sich zu übergeben.

Dinge, die ich nicht über Hunde wusste:
1. Hunde mögen Erbrochenes von
Menschen.

Monty machte einen Satz in Mamas Richtung und zog mich hinter sich die Auffahrt hinunter. Meine Schultern schrien danach, dass er anhielt, aber das interessierte ihn nicht.

»Igitt!«, rief Stevie wie jedes Mal, wenn Mama sich übergeben muss. Dabei sollte man doch eigentlich annehmen, dass er sich langsam daran gewöhnt hätte.

Montys Pfoten scharrten auf dem Asphalt, seine Schnauze berührte beinahe Mamas Hintern, während sie sich nach vorn beugte und erneut würgte.

»Verflixt noch mal, jetzt schaff endlich den Hund da weg!«, rief Papa und rannte ihr zu Hilfe. »Schließ ihn im Kofferraum ein.«

Zum Glück war Tim gerade neben mir. Er packte Monty im Genick und half mir, ihn von Mama und dem Erbrochenen wegzuziehen. Dann öffnete ich den Kofferraum unseres Autos, und Monty sprang ganz selbstverständlich hinein, als gehörte er dorthin.

Er sah toll aus mit seinem glatten schwarzen Fell und den weißen Pfoten auf dem grauen Untergrund.

Er wedelte immerzu mit dem Schwanz und bellte leise, als wollte er mir sagen: »Becca, bring mich nach Hause. Ich möchte deine Freunde kennenlernen.« Emily wollte ihn bestimmt auch kennenlernen.

Ich schlang meine Arme um ihn und drückte ihn an mich. Er war genauso warm und kuschelig, wie ich mir einen Hund immer vorgestellt hatte.

»Wir besuchen Emily morgen. Ich liebe dich, Monty«, sagte ich. Ich glaube, er liebte mich auch, aber er war immer noch sehr daran interessiert zu untersuchen, was Mama im Blumenbeet hinterlassen hatte, also löste ich mich von ihm und schloss sanft die Tür, damit er nicht in weitere Schwierigkeiten geraten konnte.

»Danke, Becca«, sagte Tim und umarmte mich schnell und cousinhaft.

»Ich danke *dir*«, sagte ich und spürte, wie mir vor Glück ein paar Tränen in die Augen schossen. Ich hatte Monty. Und Tim hatte immer noch eine Chance bei Miranda. Es war perfekt.

Alle anderen Mitglieder der Jones-Familie umsorgten Mama und Stevie, aber ich hatte jemand anderen, um den ich mich kümmern musste. Ich kletterte mit einem riesigen Hundebett und einem gigantischen Sack Hundefutter auf den Rücksitz unseres Autos. Eine feuchte schwarze Nase tauchte hinter meinem Sitz auf und schnüffelte an meinen Haaren. Monty sabberte mir ein wenig ins Ohr, aber das störte mich nicht. Wenn ich einen Blick über die Schulter warf, sah ich direkt in Montys Hundeaugen, die mich fixierten. Er gehörte eine ganze Woche lang mir. Und wenn alles gut lief, würden Mama und Papa mir vielleicht sogar einen eigenen Hund erlauben.

Dann wäre ich völlig hundevoll. Für immer.

Liebes Tagebuch,

ich bin das glücklichste Wesen im gesamten Universum, Außerirdische, Asteroiden und Sternschnuppen eingeschlossen. Neben mir auf dem Sofa liegt ein schlafender echter Hund. Gerade streichle ich ihn, und es stört ihn nicht. Monty ist wunderbar. Emily wird ihn lieben.

Dinge, die ich nicht über Hunde wusste:
2. Hunde schnarchen, aber mir ist das egal.

9 Völlig hundevoll

Papa war wirklich gemein und wollte Monty nicht in meinem Zimmer schlafen lassen. Er sagte, Mama würde es nicht mögen, aber da Mama bereits ins Bett gegangen war, hielt ich das nicht für so wichtig.

»Es reicht!«, sagte Papa und brachte Monty in den Hauswirtschaftsraum.

Ich habe trotzdem meine Plüschhunde vom Bettende entfernt, falls Papa mitten in der Nacht auf die Idee kam, seine Meinung zu ändern. Meine Füße fühlten sich sehr seltsam an, nur mit einer Bettdecke bedeckt, weshalb ich nicht so gut geschlafen habe. Ich träumte, dass Monty die ganze Nacht über bellte.

Als ich aufwachte, war es draußen schon hell, also stürzte ich nach unten, damit mein erster völlig hundevoller Tag beginnen konnte.

»Wo ist Monty?«, fragte ich Papa.

»Im Garten«, antwortete er, während er eine Tüte mit Croissants aufriss und diese auf die Teller knallte.

»Der Hund muss weg«, sagte Stevie. Er spielte mit Plastiksaurus Rex, versuchte, ihm beizubringen, eine Rampe hinaufzulaufen, die er aus Tischsets gebaut hatte.

»Monty geht nirgendwohin«, sagte ich.

»Oh doch, das hat Mama gesagt.« Stevie streckte mir die Zunge raus, bevor er weiterspielte. »Komm schon, Rexy. Hoch, auf den Berg.« Rexys bescheuerte Füße schafften die drei Millimeter auf das Tischset nicht. Er fiel immer wieder um und lag schließlich auf dem Tisch, seine Augen leuchteten rot.

Eine böse Angst boxte mir in den Bauch. Ich sah zu Papa hinüber, wartete auf eine Erklärung. Er hatte die Arme über der Brust verschränkt, und seine Augen waren genauso rot wie Rexys.

»Wo ist Monty?«, fragte ich.

»Im Garten«, sagte Papa müde. »Er hat uns die ganze Nacht über wach gehalten, und jetzt geht es Mama noch schlechter als gestern. Ich möchte auf keinen Fall, dass er sie aufweckt. Versteh doch, Becca –«

»Was gibt es zum Frühstück?« Keine Ahnung, warum ich danach fragte, ich war noch nicht einmal hungrig.

»Croissants.« Papa zeigte auf die aufgereihten Teller auf dem Küchentresen.

Es kratzte an der Hintertür, und Monty stürmte in die Küche.

»Er hat die Tür aufgemacht!« Stevie zeigte auf den Hund.

»Wahnsinn!«, sagte ich. Stevie konnte die Hintertür noch nicht öffnen.

Papa schüttelte den Kopf.

»Komm her, Monty. Schmusezeit.« Ich klopfte mir auf die Knie und hoffte auf eine freudige Begrüßung durch meinen BHFFI.

Aber Monty wollte nicht kuscheln, er wollte spielen! Seine Lefzen waren leicht gekräuselt, und er gab ein »Komm und fang mich«-Jaulen von sich. Dann rannte er ins Wohnzimmer. Ich hinterher.

Monty sprang geradewegs auf Papas Sessel und von da aus aufs Sofa. Er beugte den Kopf, die Pfoten ausgestreckt, aber behielt mich mit seinen weit geöffneten Augen im Blick.

»Komm schon, mein Junge, komm«, sagte ich und ging langsam auf ihn zu.

Monty wollte aber gar nicht gefangen werden. Er sprang zurück auf den Sessel und wechselte sofort die Richtung, wenn ich mich bewegte. Er jagte hin und her, sodass ich ihn nicht fangen konnte.

Es war so lustig!

Ich gab vor, die Wand anzuschauen, drehte mich dann jedoch blitzschnell um und warf mich auf ihn. Ich bekam sein Fell zu fassen, aber es war so seidig weich, dass es

mir aus den Fingern rutschte. Monty rannte in die Küche. Ich lag bäuchlings auf dem Sofa und sah geradewegs auf die matschigen Pfotenspuren. Sofa und Sessel waren voll davon. Mama würde durchdrehen.

»Oh Monty, Monty, Monty, du bringst mich wirklich in Schwierigkeiten«, sagte ich zu mir selbst und drehte schnell die Kissen um, damit die Spuren nicht mehr zu sehen waren.

»Raus!«, hörte ich Papa wütend in der Küche rufen.

Stevie schrie.

Ich lief schnell zu ihnen, um zu sehen, was passiert war.

Monty kaute mit gesenktem Kopf wie verrückt auf irgendetwas herum.

»Mein Croissant!« Stevie weinte.

»Menschenskind, Becca. Bring endlich diesen Hund unter Kontrolle!«, sagte Papa.

Monty sah auf und leckte sich das Maul.

»Sieht aus, als wäre er hungrig«, sagte ich.

»Ich habe ihn schon gefüttert«, sagte Papa. »Jetzt hat er sich selbst bedient und jetzt ...«

Monty war noch nicht fertig. Blitzschnell waren seine Vorderpfoten wieder auf dem Küchentresen, und schon hatte er ein weiteres Croissant stibitzt. Ich fasste Monty am Halsband und versuchte, ihn wegzuziehen, aber er war zu schnell für mich. Seine Vorderpfote schnellte nach vorn, fegte das letzte Croissant hinunter, und mit einem Happs war es in seinem Maul verschwunden. Er hatte unser aller Frühstück aufgefressen.

»Jetzt reicht's!« Papa schob mich zur Seite und warf Monty zu Boden. Dann öffnete er

die Hintertür und zerrte den Hund nach draußen. Er schlug die Tür zu und drehte auch den
Schlüssel um.

»Aaahhh!«, rief Mama aus dem Hauswirtschaftsraum.

»Das Baby?« Papa eilte zu ihr.

»Nein. Meine Stiefel.« Mamas Brüllen klang
eher nach einem Dinosaurier als Rexys. Sie
hielt ein paar zerfetzte, kniehohe Stiefel in die
Höhe. Ein langes, unförmiges Stück Draht stach
aus dem Reißverschluss hervor. »Der Hund hat
sie zerkaut.«

»Sie sehen eh alt aus«, murmelte ich in dem
Versuch, es weniger schlimm wirken zu lassen.

»Sie sind brandneu.« Mama bebte vor Wut.
»Oder vielmehr, sie waren es.«

»Es tut mir leid«, flüsterte ich.

»Der Hund muss weg«, sagte Mama.

»Nein!«, rief ich.

»Oh doch!« Dann warf sie die Stiefel in den
Müll und wankte die Treppe hinauf.

»Das ist nicht das Einzige, was er letzte Nacht zerkaut hat.« Papa öffnete den Küchenmülleimer und schaute hinein. »Meine Turnschuhe, deine Schulschuhe –«

»Die sind mir zu klein«, platzte es aus mir heraus.

»Und das hier.« Er hielt die Überreste der Pudelmütze hoch, die Oma mir gestrickt hatte, als sie im Hospiz gewesen war.

Eine riesige Welle Traurigkeit überkam mich. Ich hielt die Wollfäden in der Hand. Knallgrün und orange. Die einzigen Farben, die Oma in ihren letzten Wochen noch hatte sehen können. Oh Monty!

»Der Hund ist ein Albtraum!«, beschwerte sich Papa.

»Er ist wunderbar.« Ich versuchte, überzeugend zu klingen, aber es war eigentlich komplett hoffnungslos. Monty war wirklich ein wunderbarer Hund, aber gleichzeitig ziemlich ungezogen.

»Er hat die ganze Nacht über gejault und versucht, die Treppe hinaufzukommen. Irgendwann habe ich dann auf dem Sofa mit ihm geschlafen.«

»Was?« In mir ballte sich Wut zusammen, am liebsten hätte ich losgeheult. Monty war *mein* Hund. *Ich* wollte neben ihm schlafen. »Das ist ungerecht.«

»Ich wollte das sicher nicht. Aber es war die einzige Möglichkeit, ihn ruhigzustellen.« Papa kratzte sich am Bart, als machte er sich über irgendetwas Sorgen. »Mama hat recht, Becca. Wir können ihn nicht behalten.«

»Es ist doch nur für eine Woche.«

»Selbst eine Woche. Er ist überhaupt nicht erzogen. Er ist ein einziger Albtraum.«

»Ich werde ihn erziehen.«

»Er gehört dir nicht.«

»Irgendwie schon«, sagte ich zwischen zwei Schluchzern. »Bitte schickt ihn nicht weg. Bitte, Papa.«

»Er hat mein Croissant gefressen«, heulte Stevie.

»Ich mache dir Toast«, sagte Papa.

Stevie weinte noch lauter.

»Ich gehe mit ihm spazieren und sorge dafür, dass er ganz müde wird, damit er gut schläft. Bitte, Papa!« Ich wusste, dass ich quengelte, aber ich konnte nichts daran ändern. Monty musste einfach bleiben.

»Zieh dich an«, sagte Papa. »Geh mit ihm spazieren, und während du unterwegs bist, überlege ich, was wir machen können.«

Liebes Tagebuch,

ich werde Emily besuchen, damit sie Monty kennenlernen und lieb gewinnen kann und sie wieder meine BFFI wird. Zusammen können wir uns einen Plan ausdenken, um Mama davon zu überzeugen, dass Monty die ganze Woche bleiben darf.

10 BFFI trifft BHFFI

Es gab allerdings ein Problem in Sachen Emily besuchen. Ihr Haus war ziemlich elegant und vornehm und nicht gerade für Hunde geeignet. Ich konnte mir nicht vorstellen, dass Frau Denaro einen Hund hineinlassen würde, insbesondere einen so riesigen, ungezogenen Hund wie Monty. Aber ich rechnete damit, dass Emily nach draußen kommen könnte, um Monty zu sehen, und wir ihn dann mit in den Park nehmen konnten oder etwas in der Art. Emily musste Monty unbedingt kennenlernen und wieder meine BFFI werden, bevor Lily Emily ihren neuen Welpen zeigen konnte. Wenn sie denn überhaupt einen bekam.

»Ich gehe jetzt mit ihm raus, vielleicht hat Emily Lust mitzukommen«, sagte ich zu Papa

»Komm besser nicht wieder«, sagte Stevie.

Ich streckte ihm die Zunge raus, aber er bemerkte es nicht. Eigentlich sollen wir das nicht, aber Stevie hatte mir eben auch schon die Zunge rausgestreckt, und auch ansonsten nervte er gerade ziemlich. Das war aber nicht Montys Schuld.

»In Ordnung. Aber denk daran, die Straße nur an der Ampel zu überqueren, verlauf dich nicht und am allerwichtigsten, lass den Hund auf keinen Fall los.« Er drückte mir ein paar kleine Plastiktüten in die Hand. »Wenn er einen Haufen macht, hebst du ihn auf. Ich möchte nicht, dass sich irgendwelche Nachbarn durch ihn gestört fühlen. Ich habe schon genug andere Sorgen, weil es Mama so dreckig geht. Und vergiss nicht, den Denaros auszurichten, wie sehr wir uns auf ihre Silvesterparty freuen. Warne sie aber ruhig vor, dass es Mama nicht so gut geht und sie vermutlich nicht lange bleiben kann.«

Ich nickte. Die Party hatte ich total vergessen. Wir feiern jedes Jahr bei den Denaros, aber das

Beste daran ist, dass Emily hinterher immer mit zu mir kommt, so gegen 22 Uhr, damit sie nicht die ganze Nacht über aufbleiben und albernen Erwachsenen zuhören muss. Wir setzen uns immer auf mein Bett und gucken uns um Mitternacht das Feuerwerk an. Danach quatschen wir noch stundenlang im Dunkeln, bevor wir einschlafen.

Das mit dem Hundehaufenaufheben war mir auch nicht bewusst gewesen. Noch so eine Sache, die in *Die Welt der Hunde* nicht erwähnt wurde. Ich befestigte die Leine an Montys Halsband und lief mit ihm los.

»Bei Fuß!«, sagte ich und ahmte dabei bewusst Frau Gravett nach, aber Monty schien sich nicht so vor mir zu fürchten wie ich vor meiner Lehrerin. Er würdigte mich keines Blickes und hörte nur auf, an der Leine zu ziehen, um gegen die Bank gegenüber von unserem Haus zu pinkeln.

Bei unserem Spaziergang lernte ich jede Menge Neues über Hunde.

Dinge, die ich nicht über Hunde wusste
(im Zusammenhang mit Hundehaufen):

3. Es gibt jede Menge davon.
4. Sie dampfen, wenn sie frisch sind.
5. Sie sind ziemlich fest. Wie eine schöne braune Wurst.

Ehrlich gesagt waren Hundehaufen gar nicht so schlimm wie ihr Ruf. Sie stanken nicht so doll, wie Stevie immer behauptete, und ich schaffte es sogar, sie mit einer Tüte aufzuheben, ohne sie zu berühren oder vollgestunken zu werden. Es war gar nicht so schwer, eine verantwortungsvolle Hundehalterin zu sein, viel schwerer war es, Mama und Papa davon zu überzeugen. Genau dafür brauchte ich Emily.

Emily konnte besonders gut Lösungen für alle möglichen Probleme finden. Auch deshalb war sie meine Freundin.

In der vierten Klasse mussten Emily und ich uns für den Viktorianischen Tag in der Schule verkleiden. Mir fiel außer dem Kostüm eines Straßenkindes überhaupt nichts ein, und das war echt langweilig und trugen fast alle.

»Ich denke, das können wir besser, Albert«, sagte Emily mit der vornehmsten Stimme, die ich je von ihr gehört hatte. Gemeinsam durchsuchten wir die Secondhandläden nach Spitzenvorhängen, um ein Lampenschirmkleid und eine Spitzenhaube für Emily anzufertigen. Wir fanden einen Jungenblazer mit Goldbesatz für mich, mussten aber noch mehr goldgemusterten Brokat aus Frau Denaros Nähkasten daran befestigen. Mama half mir, einen Zylinder aus schwarzer Pappe zu basteln, und lieh mir Großvaters echte Taschenuhr mit Kette.

Wir gingen als Königin Victoria und Prinz Albert eingehakt zur Schule.

»Die Menschen, die dem Viktorianischen Zeitalter seinen Namen gaben«, sagte Emily.

Wir sahen beeindruckend aus, besonders im Vergleich zu all den Straßenkindern, die die zer-

rissenen Hemden ihrer Väter und die großväter-
lichen Schiebermützen trugen. Wir gewannen
den Preis für das beste Kostüm, aber das war
hauptsächlich Emilys Verdienst. Sie ließ sich
mit »Majestät« ansprechen und brachte sogar
Frau Gavett dazu, einen Knicks zu machen, als
wir auf dem Schulhof an ihr vorbeischlender-
ten.

Emily wusste, wie man das Beste aus einer Sache herausholen konnte. Immer.

»Du musst bei Emily einen besonders guten
Eindruck hinterlassen«, sagte ich zu Monty, als
wir die Straße entlangliefen. »Ihre Mutter ist
sehr pingelig, es gibt sogar einen Salon nur für
Erwachsene, in den ich mich gar nicht erst hineintraue, weil er so elegant ist. Wir sollten
draußen bleiben oder im Garten warten. Auf jeden Fall müssen wir tun, was uns gesagt wird.«
Monty antwortete nicht, aber pinkelte gegen einen Laternenpfahl, um sicherzugehen, dass er
nicht musste, wenn wir ankamen.

Ich mag Emilys Eltern wirklich sehr gern. Sie nehmen mich immer auf wie ein weiteres Familienmitglied, aber es gibt bei ihnen ganz andere Regeln als bei uns zu Hause. Man muss zum Beispiel an der Haustür seine Schuhe ausziehen, sogar als Gast, und ich versuche, immer daran zu denken, weil ich sie auf gar keinen Fall enttäuschen möchte.

Als wir bei Emilys Gartentor ankamen, begann Monty zu schnüffeln und lief den Weg entlang auf die Haustür zu. Er muss gewusst haben, dass sich meine beste Freundin dahinter verbarg, und schien ihren Geruch zu mögen. Das war gut, da wir jede Menge Zeit mit ihr verbringen würden, damit Mama und Papa Monty vergessen konnten, zumindest tagsüber.

Ich klingelte an der Tür und nutzte unser Erkennungszeichen: kurz, kurz, laaaang. So wusste Emily direkt, dass ich es war, und konnte selbst an die Tür kommen. Aber es geschah etwas wirklich Seltsames. Hinter der Tür bellte ein Hund. Es war allerdings eher ein Kläffen, kein Vergleich zu Montys dunklem Gebell.

»Emily hat doch gar keinen Hund. Sie müssen Besuch haben«, sagte ich zu Monty. »Keine Ahnung, wer das sein kann. Aus ihrer Familie mag niemand Hunde. Denk daran, dich gut zu benehmen.« Monty zog die Augenbrauen hoch, was ich als ein »Ja« deutete.

Dinge, die ich nicht über Hunde wusste:
6. Hunde haben Augenbrauen! Sie müssen irgendwie telepathische Eigenschaften besitzen, jedes Mal, wenn Monty eine Augenbraue hebt, weiß ich genau, was er mir sagen möchte.

Das Kläffen wurde lauter, und ich hörte Gekicher hinter der Tür. Monty spitzte die Ohren und steckte seine Nase ins Schlüsselloch, um besonders gut schnüffeln zu können. Ich schob ihn beiseite und stellte mich seitlich hin, sodass er zwischen mir und der Hauswand eingekeilt war.

»Wer ist da?«, rief Emily, obwohl ich doch unser Erkennungszeichen benutzt hatte.

»Na, ich bin es!«, antwortete ich.

Drinnen wurde wieder gekichert, dann öffnete Emily die Tür.

»Überraschung!«, rief sie und streckte mir eine lockige Flauschkugel entgegen. Einen cremefarbenen, niedlichen Cockerpoo-Welpen.

»Darf ich vorstellen: Nudel«, sagte Emily.

»Du hast einen Welpen!«, sagte ich, auch wenn ich in meinem Inneren wusste, dass er nicht ihr gehörte.

»Nicht ich«, sagte Emily und trat zur Seite. Lily Williamson stand direkt hinter ihr.

»Er gehört mir!«, sagte Lily mit einem spöttischen Grinsen.

»Hallo!« Ich musste tief Luft holen, da mir übel geworden war. Lily war zuerst bei Emily angekommen.

Lily + Cockerpoo = Emilys BFFI.

Am liebsten hätte ich mich auf dem Absatz umgedreht und wäre mit Monty nach Hause gerannt, um meinen Tränen freien Lauf zu lassen, ohne dass Lily es mitbekam. Aber wenn ich jetzt nach Hause ging, würde Papa Monty wegschicken. Das wollte ich mir gar nicht erst ausmalen. Ich brauchte Emilys Hilfe, also schluckte ich alles hinunter und tat so, als würde es mir überhaupt nichts ausmachen, dass Lily einen Cockerpoo hatte und Emilys beste Freundin war.

»Ich habe auch eine Überraschung. Darf ich vorstellen: Monty!« Ich machte einen Schritt nach vorn, damit Monty sich zeigen konnte.

»Um Himmels willen!«, sagte Emily. »Wo kommt der denn her?«

Monty bellte so wütend wie die Bulldogge Spike aus *Tom und Jerry* und machte einen Satz nach vorn, auf Emily und Nudel zu.

Danach herrschte ein ziemliches Durcheinander.

Flausch. Pfoten mit Krallen. Verängstigtes Gejaule. Das war Nudel.

Lange Beine. Sprünge. Schnüffelnde Schnauze. Das war Monty.

Runter da! Aus! Absolut nicht beachtet werden. Das war ich.

Beim Versuch, aus Emilys Arm zu entkommen, zerkratzte Nudel Emilys Hand. Sie schrie auf, und an ihrem Handgelenk war tatsächlich Blut zu sehen. Lily versuchte, Nudel aus Emilys Arm zu nehmen, aber das wollte Nudel auch nicht, also setzte Emily sie auf dem Boden ab, und der Welpe lief ins Haus zurück.

Monty jaulte begeistert auf.

Die Jagd konnte beginnen!

Er warf sich nach vorn und riss mir dabei beinahe den Arm aus, jetzt war ich an der Reihe, vor Schmerz aufzuschreien. Meine Hand brannte, und ich konnte die Leine nicht mehr halten. Bevor deren Ende auf den Boden fiel, war Monty schon hinter Nudel her ins Haus gelaufen.

Nudel wetzte über den Holzboden wie ein durchgedrehter Wischmopp. Sie schlüpfte durch die Küchentür und bahnte sich ihren Weg zwischen den Stuhlbeinen hindurch.

Monty folgte ihr dicht auf den Pfoten, passte aber wegen seiner Größe nicht unter den Stühlen hindurch, weshalb er sie stattdessen umwarf. Sechs Holzstühle krachten auf den Steinboden der Küche.

Ich stürmte auf die andere Tischseite, um Monty abzufangen, aber er wendete sofort, als er mich erblickte. Er wollte sich nicht fangen lassen. Er hatte zu viel Spaß.

Frau Denaro stand in der Küche, eine Hand an der Kurbel der Nudelmaschine, in der anderen lange, mehlige Nudelfäden.

»Ein cane rabbioso!«, schrie sie. Ich wusste nicht, was das bedeutete, hatte jedoch so eine Ahnung.

Monty sah zu Frau Denaro. Er änderte seinen Weg und sprang hoch, um ihr die Nudeln aus der Hand zu reißen.

»Stopp! Haltet den ladro!«, rief Frau Denaro.

Monty beachtete sie gar nicht und rannte weiter.

Herr Denaro kam die Treppe heruntergestampft und brummte dabei irgendwelche italienischen Wörter, die sicher nicht für Kinderohren bestimmt waren.

Monty verstand sie nicht, außerdem war er immer noch hinter Nudel her.

Nudel hatte in der Küche kein sicheres Versteck gefunden, also schlitterte sie durch die Tür, direkt in Frau Denaros vornehmen Salon. Monty jagte hinter ihr her, Nudelstücke fielen ihm dabei aus dem Maul.

»Er frisst sie auf!«, schrie Lily.

»So ein Quatsch!«, rief ich zurück. »Er will nur spielen. Emily, geh durch die andere Tür und versperr ihm den Weg.«

Emily war zu entsetzt, um zu antworten. Ich glaube, sie wollte gerade meinen Anweisungen folgen, als Lily sich ihr an den Hals warf und in Tränen ausbrach.

»Ich kann da nicht hingucken. Ich kann doch kein Blut sehen«, sagte Lily mit ihrer völlig übertriebenen Theater-AG-Stimme.

Ich kannte Monty zwar noch nicht besonders gut, war mir jedoch absolut sicher, dass er kein Welpenmörder war. Viel mehr Sorgen bereitete mir Frau Denaros cremefarbene Sofagarnitur, also wagte ich mich zum ersten Mal allein in ihren Salon vor.

Nudel war nicht mehr zu sehen, aber das war für Monty auch gar nicht nötig. Er roch sie. Es interessierte ihn überhaupt nicht, dass in Frau Denaros Salon gläserne Tischlampen, Vasen mit frischen Blumen und ein riesiger Weihnachtsbaum standen. Er rannte um den Wohnzimmertisch mit Glasplatte herum und grub sich seinen Weg durch die langen, seidig glänzenden Vorhänge vor der Verandatür.

Ein cremefarbener Flauschball mit vor Schreck geweiteten schwarzen Augen rollte unter dem Stoff hervor. Nudel rannte um den Wohnzimmertisch und verschwand unter einen Sessel, der vor dem Weihnachtsbaum stand.

Monty kam mit einem dem großen bösen Wolf würdigen Gesichtsausdruck hinter den Vorhängen hervorgeschossen. Schnauze voran stürzte er hinter Nudel her, war jedoch viel zu groß für den schmalen Spalt unter dem Sessel. Er wackelte mit den Hüften, wedelte mit dem Schwanz und robbte mit seinem Körper immer weiter vor. Gedämpftes Knurren und Jaulen waren zu hören. Monty dachte aber gar nicht daran aufzugeben. Er schob seinen Kopf und seine Schultern immer weiter unter den Sessel, bis dieser fast nach hinten kippte.

Ich machte einen Satz nach vorn und versuchte, ihn wie beim Rugby auf den Boden zu werfen, aber es war zu spät. Der Sessel kippelte bereits. Monty versuchte, mir zu entkommen, und stieß dabei erneut gegen den Sessel, wodurch dieser nach hinten umstürzte.

Nun begann ein gigantisches weihnachtliches Domino. Der Sessel kippte gegen den Weihnachtsbaum. Der fallende Baum traf auf eine riesige Glasvase, die mit Stechpalmzweigen und Efeu gefüllt war. Die taumelnde Vase riss eine gläserne Lampe mit. Als der Weihnachtsbaum auf dem Boden aufschlug, zerbarsten jede Kugel

und jedes blinkende Lämpchen in tausend Stücke.

Frau Denaros wunderschöner Salon, in den ich mich normalerweise nicht einmal hineintraue, war ruiniert.

»Disastro!«, rief Herr Denaro, als er den Trümmerhaufen sah.

Lily schnappte sich Nudel, die in einer Pfütze kauerte. Es musste Pipi sein, da sie sich nicht in der Nähe der zerbrochenen Vase befand.

Emily sah mich fast so an, als hätte ich gerade jemanden umgebracht. Sie spielte es auch nicht. Das Entsetzen in ihren Augen war wirklich echt.

Es kam mir vor, als sei sogar Monty geschockt. Seine Ohren hingen schlapp hinunter, und sein zuvor grinsendes Maul war nun an den Lefzen nach unten gerichtet. Der große böse Wolf war verschwunden. Jetzt glich Monty eher Pluto, der sich mal wieder in Schwierigkeiten gebracht hatte und darauf wartete, von Micky Maus gerettet zu werden. Er sah überallhin, nur nicht zu den Erwachsenen und auf das Durcheinander, das er selbst angerichtet hatte.

»Böser Hund«, sagte ich und nahm die Leine hoch. Monty setzte sich mitten ins Trümmerfeld und bot mir seine Pfote an.

»Ich denke, du solltest jetzt besser gehen, Becca«, sagte Emily.

»Aber ich möchte doch beim Aufräumen helfen«, erwiderte ich.

»Nein«, sagte Emilys Vater. »Bring den Hund nach Hause und pass auf die Scherben auf.« Er trat eine zerbrochene Weihnachtskugel weg.

»Ich rufe dich an«, sagte ich zu Emily.

Emily antwortete nicht, aber ihr Gesicht verzog sich.

»Hast du Emilys iPhone-Nummer?«, fragte Lily.

Ich wollte gerade sagen, dass Emily gar kein iPhone hatte, als mir bewusst wurde, warum Emily so seltsam geguckt hatte. Es fiel mir wie Schuppen von den Augen, Emily hatte zu Weihnachten ein neues Telefon bekommen, damit sie mit Lily über FaceTime kommunizieren konnte. Sie hatte mir noch nicht einmal die Nummer geschickt. Jetzt war glasklar, wer wirklich ihre beste Freundin war.

Emily biss sich auf die schiefe Lippe und ging zu Lily, um mit ihr zu reden und Nudel zu streicheln.

Herr Denaro öffnete mir die Eingangstür.

»Es tut mir so leid«, sagte ich.

Er antwortete nicht.

Dinge, die ich nicht über Hunde wusste:
7. Echte Hunde sind ganz anders als
Hunde in Büchern.

»Oh Monty, was hast du bloß angestellt?«

11 Käfigzeit

Monty und ich liefen nach Hause, die Leine hing schlapp zwischen uns. Irgendwie musste ich Mama und Papa erzählen, was geschehen war. Irgendwie musste ich mich bei Emily und ihrer Familie entschuldigen. Und wohl auch bei Lily.

Es ist gar nicht so einfach, geradeaus zu laufen, wenn man ganz viele Knoten im Magen hat. Nicht nur hatte ich durch Monty meine beste Freundin verloren, er hatte außerdem noch einen gewaltigen Schaden angerichtet, der bezahlt werden musste. Ich stellte mir vor, wie Emily und Lily in diesem Augenblick Seite an Seite saßen und allen anderen aus der Klasse, die auch ein Smartphone hatten, Nachrichten und Snapchat-Bilder sendeten und ihnen erzählten, was für ein furchtbarer Mensch ich war und was für einen bösartigen Monsterhund ich hatte.

Frau Denaro würde vermutlich sofort zum Telefon greifen und Mama und Papa alles brühwarm erzählen, woraufhin Papa schließlich darauf bestehen würde, den Schaden zu bezahlen, so ist er eben. Das bedeutete sicher, dass wir nächstes Jahr nicht in Urlaub fahren konnten.

Ich ahnte, dass Monty weggeschickt werden würde, wenn ich nach Hause kam. Mein Magen fühlte sich immer schlechter an, dann fiel mir aber ein, dass Monty mein Frühstück gefressen hatte, und das verknotete Gefühl wich einem leeren. Ich konnte nicht ewig ziellos durch die Straßen laufen.

»Komm schon, Monty. Ich denke, wir sollten besser nach Hause gehen.« Monty schien es nichts auszumachen, er war vermutlich genauso hungrig wie ich, da drei Croissants, eine Schüssel Hundefutter und ein paar ungekochte Nudeln für einen großen Hund wie ihn sicher nicht besonders viel waren.

Stevie winkte uns vom Fenster aus zu und ließ uns herein.

»Mama hat sich schon wieder übergeben, und Papa ist einkaufen. Ich habe hier das Sagen.« Er stellte sich auf die Zehenspitzen, um ein bisschen größer zu wirken. »Und ich sage, dass er«, Stevie zeigte auf Monty, »hier nicht reindarf.«

»Hat Emilys Mutter angerufen?«, fragte ich.

»Nein«, antwortete Stevie.

»Ihr Vater? Oder sonst irgendwer?«

»Nein.«

»Dann kommen Monty und ich jetzt rein, ob du willst oder nicht.«

Ich drückte mich an meinem kleinen Bruder vorbei und zerrte Monty hinter mir her.

»Papa hat gesagt, dass ich jetzt das Sagen habe.« Stevies Kopf lief rot an. »Er hat sich nach Orten umgeschaut, an die man Hunde schicken kann, wenn niemand sie haben möchte.«

»Halt endlich die Klappe! Ich möchte ihn haben.«

»Papa hat das hier gefunden, da ist er eben hingefahren.« Stevie hielt mir das iPad unter die Nase.

Tierpension Langford. Sie sah aus wie ein Gefängnis.

»Nein!« In meinem Kopf drehte es sich, und meine Beine fühlten sich an wie Gummi. Ich brach im Flur zusammen, fasste im Fallen nach meinem wundervollen BHFFI. »Ich liebe dich, Monty! Ich lasse nicht zu, dass sie dich wegbringen. Du bist wirklich ein Giftzwerg, Stevie. Ich hasse dich.«

»Das sag ich Papa!«, schrie Stevie. Ich durfte ihn weder Giftzwerg nennen noch das h-Wort benutzen.

»Ist mir doch egal«, schluchzte ich, und warme Tränen liefen mir über das Gesicht. Monty stupste mit seinem Kopf gegen meinen und schnüffelte an meinem Ohr. Ich drückte meine Augen in seine seidig weichen Ohren. Sie durften ihn nicht wegbringen. Auf keinen Fall. Von draußen hörte ich Papas Auto und drückte Monty nur noch fester an mich.

Sobald Papa die Tür geöffnet hatte, begann Stevie auch schon, mich zu verpetzen.

»Becca hat mich Giftzwerg genannt. Du musst sie auf ihr Zimmer schicken.«

»Jetzt beruhige dich erst einmal!«, sagte Papa. »Oder ich schicke dich auf dein Zimmer.«

»Aber ich habe hier das Sagen, und sie hat mich Giftzwerg genannt«, rief Stevie.

»Es reicht. Wo ist dein Dinosaurier?«, fragte Papa.

»Der lädt in der Küche. Schon wieder!«, antwortete Stevie. »Warum muss ich ihn ständig aufladen?«

»Weil du die ganze Zeit mit ihm spielst«, sagte Papa. »Sieh mal nach, ob er schon wieder funktionstüchtig ist.« Papa sah Monty an, seufzte und schnaufte. »Was sollen wir bloß mit dir machen?«

»Ihn lieb haben?«, schlug ich vor.

Mama schaute von oben über das Geländer herab. Sie wirkte schon wieder müde.

»Und?«, fragte sie.

»Ihr bleibt hier«, sagte Papa zu mir und Monty und lief die Treppe hinauf.

Sie gingen ins Schlafzimmer, aber ich konnte sie trotzdem hören, da sie eher stritten als sich unterhielten.

Mama: »Ich will diesen Hund nicht in meinem Haus haben.«

Papa: »Ich kann aber nichts dran ändern.«

Mama: »Nein!«

Papa: »Dein Bruder hat ihn uns aufgehalst.«

Mama: Seltsames Geräusch, eine Mischung aus einem Schrei und einem laut stampfenden Fuß.

Papa: »Die Tierpension ist voll, und sie haben überall herumtelefoniert, aber alles ist belegt wegen Weihnachten.«

Mama: »Hundenothilfe, SOS-Hunde-Hilfe, Tierschutzvereine?«

Papa: »Er wurde doch nicht ausgesetzt oder so. Er muss nicht gerettet werden, die werden ihn alle nicht nehmen.«

Ich saß auf der untersten Stufe und drückte Monty fest an mich. Ich hielt ihm die Ohren zu, ich wollte nicht, dass er mitbekam, was sie sagten. Das alles wühlte mich derart auf, dass auch ich eigentlich gar nicht wissen wollte, was dort besprochen wurde.

Einen Augenblick später kam Papa die Treppe herunter und setzte sich neben mich auf die unterste Stufe. Er streichelte mir über den Kopf. Ich glaube, Monty war eifersüchtig, auf jeden Fall stupste er Papas Hand so lange mit der Schnauze an, bis auch er gestreichelt wurde.

»Er ist ein wirklich toller Hund«, krächzte ich.

»Ich weiß«, sagte Papa.

»Bitte schick ihn nicht in irgendeine Hundepension«, sagte ich.

»Das kann ich gar nicht. Sie sind alle ausgebucht.« Papa gab einen seiner langen Seufzer von sich. »Aber Mama ist ziemlich unglücklich darüber.«

»Heißt das, er kann bleiben?«

»Er wird bleiben müssen, auch wenn Mama das gar nicht gut findet. Ich sehe ehrlich gesagt keine andere Möglichkeit. Ein Glück ist es ja nur für eine Woche. Einen Hund dauerhaft zu versorgen würden wir überhaupt nicht hinbekommen.« Papa seufzte und gluckste dabei. »Die Tierpensionen haben mir ein paar Tipps gegeben und etwas ausgeliehen, das dabei helfen soll, ihn unter Kontrolle zu bekommen.«

»Vielen Dank, Papa.« Ich nahm einen Arm von Monty und legte ihn stattdessen um Papas Hals. Es sah aus, als würden wir eine Gruppenumarmung machen. Ich, Monty und Papa, auch wenn ich spürte, dass Papa nicht so gern Teil des Ganzen sein wollte.

»Ich weiß, wie wichtig dir das ist«, sagte er und küsste mich auf den Kopf. »Aber Monty ist wirklich ein Albtraum, und du musst dich äußerst verantwortungsvoll um ihn kümmern und gut auf ihn aufpassen. Und halt ihn bloß von Mama fern. Ich rede mit ihr, wenn sie wieder wach ist.«

»Das werde ich. Ich werde alles tun, versprochen. Danke! Danke!« Ich ließ Monty los und umarmte und drückte Papa fester als je zuvor, auch wenn ich die ganze Zeit an den Weihnachtsbaum der Denaros denken musste, wie er umgestürzt war und die ganzen Weihnachtskugeln in unzählige Teile zersplittert waren. »Aber es gibt da noch etwas, das ich dir erzählen muss.«

»Was hat er denn jetzt schon wieder angestellt?« Papa stand auf und ging in die Küche. »Ich glaube, ich brauche erst einmal eine Tasse Tee.«

Papa blieb erstaunlich ruhig, als ich ihm alles erzählte.

»Sie haben mich nicht angerufen.« Er schaute verwundert auf sein Telefon, dann legte er es auf den Küchentresen. »Aber ich möchte doch gern zu ihnen fahren und beim Aufräumen helfen.«

»Ich habe meine Hilfe angeboten«, sagte ich. »Aber sie wollten nicht, dass ich ... wir ... bleiben.«

Ich sagte ihm nicht, dass es daran lag, dass Emily mich jetzt hasste und nun mit Lily befreundet war.

»Ich bin mir sicher, dass du dein Bestes versucht hast. Komm jetzt, hilf mir, das Ding aus dem Auto zu holen, und dann fahre ich mit einer Flasche Wein bei den Denaros vorbei.«

Im Kofferraum des Wagens lag ein Stapel Drahtwände.

»Was ist das?«, fragte ich.

»Ein Hundekäfig«, sagte Papa. »Eine Art Zwinger für drinnen, damit wir immer wissen, wo Monty sich gerade befindet.«

Eine Minute später stand ein riesiger Käfig mitten in der Küche.

Ich drehte mich zu Monty um, wollte ihn auffordern, hineinzugehen, aber er war gerade mit etwas anderem beschäftigt.

Sein Kopf steckte in Mamas Handtasche. Portemonnaie, Schlüssel und Lippenstift lagen bereits auf dem Fußboden, und er hatte es auf die Snacks abgesehen, die Mama in der Schwangerschaft als Notfallration immer bei sich hatte: Käsecracker.

»Nein, Monty!«, rief ich.

»Was ist ...?« Papa machte einen Satz nach vorn und stieß sich dabei den Zeh am Käfig.

Monty sah von Mamas Handtasche auf. In seinem Maul steckte ein Hefter mit losen Blättern.

Mamas Krankenhausunterlagen! Mama hatte schon acht Monate darauf aufgepasst, und jetzt war Monty dabei, sie zu verschlingen.

»Aus!«, sagte ich. Dabei versuchte ich, so ruhig und streng wie möglich zu klingen, als hätte ich das Sagen, hörte mich allerdings eher wie ein panisch kreischender Papagei an. Ich musste die Unterlagen vor Monty retten, bevor er sie komplett zerstören konnte. Sie ihm einfach aus dem Maul zu ziehen, war jedoch wirklich eine dumme Idee.

Monty konnte sein Glück kaum fassen. Ein neues Jagdspiel. Er biss noch fester auf die Unterlagen und preschte davon. Papa kam angelaufen und versuchte, ihm den Weg zu versperren, aber Monty war viel zu schnell für uns beide. Es war, als würde man versuchen, besonders schnellen Fahrzeugen eines Autoscooters auf der Kirmes zu folgen.

Stevie stand im Türrahmen und sah uns zu.

»Halt ihn fest!«, rief ich.

»Auf keinen Fall! Du hast mich Giftzwerg genannt!«, sagte Stevie. Er hätte ganz einfach Montys Halsband fassen können. »Ich habe gar keine Lust, deinen dämlichen Hund zu fangen.« Er ging auf die Hintertür zu.

»Mach sie nicht auf!«, rief Papa. »Wenn er einmal draußen ist, fangen wir ihn niemals wieder ein.«

Stevie öffnete trotzdem die Tür, und Monty jagte hinaus, Mamas Krankenhausunterlagen immer noch zwischen den Zähnen.

»Du dummer Idiot!«, rief ich.

Stevie streckte mir die Zunge raus und rannte nach oben.

Monty schoss durch den Garten wie ein Pfeil aus einer Armbrust. Da unser Garten allerdings nicht so groß ist, musste er schon bald die Bremse ziehen. Seine dünnen Beine stemmten sich in den Boden, und er schlitterte ins matschige Blumenbeet. Er war nun schwarz-weiß auf der einen und braun auf der anderen Seite. Genau wie Mamas wertvolle Unterlagen.

»Mamas Snacks, schnell«, sagte ich zu Papa. »Vielleicht kann ich ihn zu einem Tausch überreden.«

Papa drückte mir eine Packung Käsecracker in die Hand. »Du versuchst auf jeden Fall, ihn aufzuhalten, falls er wieder ins Haus laufen will.«

Papa stellte sich in seiner besten Torwartpose vor die Hintertür, während ich mich daranmachte, das Monster zu bändigen.

»Monty.« Ich hielt ihm einen Cracker hin. »Hier, mein Junge.«

Monty hob seine Schnauze in Richtung meiner Hand, seine schwarze Nase zuckte. Er sah den Cracker an, dann mich.

»Hier, mein Junge«, sagte ich noch einmal und machte einen Schritt auf ihn zu. »Möchtest du einen Cracker?«

Langsam stand er auf, und ich konnte seinen schlammbespritzten Brustkorb sehen.

Ich machte einen weiteren Schritt auf ihn zu. Der Cracker war jetzt ungefähr eine Lineallänge von seinem Maul entfernt. »Ein Leckerbissen für dich, Monty.«

Monty hielt unerwartet in seiner Bewegung inne, und plötzlich glich er einem Windhund, der mit atemberaubender Geschwindigkeit von mir wegsprintete.

Ich folgte ihm, aber obwohl ich eine Abkürzung nahm, wusste ich, dass ich keine Chance hatte.

Papa schrie auf und warf sich in Richtung des unerzogenen schwarz-weißen Blitzes, als Monty vorbeirannte. Papas Torwartinstinkt war geweckt. Er schaffte es, seinen Arm um Montys Körpermitte zu legen, und so rollten die beiden, ein Bündel aus Gliedmaßen, durch das Gras.

Einzelne Seiten von Mamas Krankenhausunterlagen flatterten über den Rasen. Ich krabbelte hinter ihnen her, versuchte, sie aufzusammeln, während Monty an Papa zog, bis er wieder auf den Füßen stand. Er wollte immer noch entkommen, aber Papa ließ ihn nicht los.

»Mach den Käfig auf!«, rief Papa. »Ich versuche, ihn irgendwie hineinzubekommen.« Ich drückte mich an ihnen vorbei, während Papa Monty durch die Hintertür zerrte.

Als ich mit der Crackertüte raschelte, fuhr Montys Kopf herum, um zu sehen, was ich für ihn hatte. Da ich nun seine Aufmerksamkeit besaß, bewegte ich mich rückwärts auf den Käfig zu. Papa hatte ihn mittlerweile besser im Griff und schob von hinten. Monty gefiel der Anblick des Käfigs nicht, der der Leckerbissen dafür umso mehr. Den Hintern voran stolperte ich in den Käfig, Monty folgte mir. Papa schlug die Tür zu und schob den Riegel vor.

Jetzt konnte ich nicht mehr heraus, aber das war mir egal. Monty war sicher.

Dinge, die ich nicht über Hunde wusste:
8. Aus der Nähe riechen sie ganz schön
streng.

»Ich kümmere mich später um das ganze Chaos«, sagte Papa und sah auf den Stapel mit den zerknitterten Unterlagen von Mama. »Zuerst gehe ich zu den Denaros. Lass Monty unter gar keinen Umständen heraus.«

Liebes Tagebuch,

es gibt gute und schlechte Nachrichten.

Die guten: Papa hat mir den Trick verraten,

wie man aus nassem, schlammigem Papier

wieder ganz normales macht. Er hat es

gebügelt! Jetzt sind die Unterlagen von Mama

wieder ganz in Ordnung. Es gibt zwar ein paar

Bissspuren, aber nicht an den wichtigen Stellen.

Wir haben den Hefter wieder in ihre

Handtasche gesteckt und hoffen, dass es ihr gar

nicht auffällt.

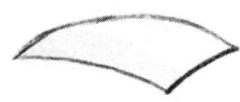

Die schlechten: Monty heult in seinem Käfig,
außer wenn ich bei ihm bin.

Noch mehr gute Nachrichten: Herr und Frau
Denaro haben mir verziehen, dass ich ihr Haus
zerstört habe. Frau Denaro hat Papa erzählt, dass
sie den Baum für die Silvesterparty sowieso
rauswerfen wollte.
Noch mehr schlechte Nachrichten: Emily hat mich
immer noch nicht angerufen. Als Papa bei den
Denaros war, war sie bei Lily, das heißt, es ist nun
offiziell: Ich bin völlig beste-freundinnenlos.

12 Herzlichen Glückwunsch zum Geburtstag, Tim

»Heute ist Tims Geburtstag«, sagte Mama. Ihr war zur Abwechslung nicht übel, also bastelte sie mit Stevie aus einer alten Cornflakesschachtel und Klopapierrollen ein neues Zuhause für seinen Dinosaurier. Ich leistete wie immer Monty in seinem Käfig Gesellschaft.

Es muss wirklich nervig sein, so nah an Weihnachten Geburtstag zu haben. Zum Beispiel wenn man ein blödes Weihnachtsgeschenk bekommt (etwa eine Handtasche mit einem Hund drauf anstelle eines echten Hundes) und dann noch ein Geburtstagsgeschenk (wie zum Beispiel ein rosa-weiß gestreiftes Einhorn), das einem auch nicht gefällt. Dann muss man ein ganzes Jahr warten, bis man wieder Geschenke bekommt.

»Kann ich mir mal dein Telefon ausleihen?«, fragte ich Mama aus dem Käfig heraus.

»Um Emily anzurufen?«, wollte sie wissen.

»Äh ... nein. Sie hat jetzt ein iPhone, und ich kenne ihre neue Nummer nicht.«

Aus der Schule wusste ich, dass man das Festnetz nicht mehr benutzt, sobald man ein eigenes Telefon hat. Warum sollte man auch? Man hatte schließlich eine eigene Nummer für die eigenen Freunde. Emily war in den Klub der Telefonbesitzer eingetreten, und ich war kein Mitglied.

»Ich wollte Tim zum Geburtstag gratulieren.«

Ich wette, dass Tim die Skiferien gar nicht richtig genießen kann, weil Miranda nicht bei ihm ist. Fragt sich nur, ob Miranda ihn auch vermisst. Vermutlich vermisste sie Monty mehr. Zumindest würde ich das tun, wenn er mir gehörte.

Ich glaube, eine beste Freundin/einen besten Freund zu haben ist ungefähr so, wie eine Partnerin/einen Partner zu haben, nur ohne Küssen (wie eklig). Einen Hund zu haben ist auch ähnlich, nur felliger. Sich mit seiner besten Freundin/seinem besten Freund zu streiten ist ungefähr so, wie sich mit seiner Partnerin/seinem Partner zu streiten. Glücklicherweise hatte ich noch nie einen Streit mit Monty gehabt, obwohl er Omas Pudelmütze und ein oder zwei andere Sachen zerstört hatte. »Mein Telefon ist oben, hier, nimm doch Papas.« Mama schob das neongrüne Telefon durch die Gitterstäbe.

»Zumindest war die Handyhülle ein Erfolg. Papa wird sein Telefon jetzt sicher nicht mehr verlieren. Immerhin ein gelungenes Weihnachtsgeschenk«, sagte Mama. »Rexys Akkus sind schon wieder leer. Ich frage mich, ob mit diesen Spielzeugen etwas nicht stimmt. Ist mit deinem Geschenk alles in Ordnung, Becca?«

»Ich denke schon«, murmelte ich. Ich konnte ihr schließlich nicht sagen, dass mein Weihnachtsgeschenk noch eingepackt in seinem Karton lag.

»Jetzt aber los, Stevie, lass uns ausprobieren, ob Rexy sein neues Zuhause gefällt.« Sie hob die Schachtelbehausung an und ging mit Stevie ins Wohnzimmer.

Unmittelbar nachdem ich Tim seine Geburtstagsglückwünsche gesendet hatte, kam eine Antwort.

Kann ich dich über FaceTime anrufen? Dringend!

Ich bin da, schrieb ich zurück, und schon nahm Tims Gesicht beinahe das gesamte Display ein. Das war etwas seltsam, da er scheinbar draußen in der verschneiten Schweiz stand. Er muss mit seinem Smartphone herumgewedelt haben, da ich gerade noch auf Berge und im nächsten Augenblick schon auf Tims stacheliges Kinn starrte. Das sah allerdings eher wie ein Kaktus aus als wie ein Teil seines Gesichts.

»Hallo Becca«, sagte Tim.

»Hallo und herzlichen Glückwunsch!«

»Danke«, erwiderte Tim, sah aber nicht gerade geburtstagsglücklich dabei aus. »Wo bist du? Sind das Gitterstäbe?«

»Ich bin in Montys Käfig. Zusammen mit Monty.« Ich bewegte das iPhone, damit Tim alles sehen konnte. »Er ist nicht gern allein.« Ich legte einen Arm um Monty und zog ihn ins Bild. Er lehnte sich vor und leckte das Telefon ab, was zumindest ein kleines Lächeln auf Tims Gesicht zauberte. Das war zwar vermutlich nicht dasselbe, wie von Miranda geküsst zu werden, aber immerhin besser als nichts.

»Hat er sich denn überhaupt benommen?«, fragte Tim.

Ich wollte Tim nicht von Emilys Weihnachtsbaum erzählen, da mir der Gedanke daran selbst zu sehr wehtat. Immer wieder tauchten Emilys entsetztes und Lilys spöttisches Gesicht vor meinem inneren Auge auf, beide riefen in mir Übelkeit und Traurigkeit hervor, das wollte ich nicht an Tims Geburtstag bei ihm abladen. »Er ist großartig. Er ist der wahrscheinlich besterzogene Hund der Welt. Ich weiß wirklich nicht, warum Mirandas Vater ihn Monster genannt hat.« Normalerweise lüge ich nicht, aber ich konnte ihm einfach nicht die Wahrheit erzählen, während mir Monty seinen warmen Atem in den Nacken blies. Außerdem redete ich die meiste Zeit mit Tims Kaktuskinn, da fiel es mir leichter, ihn anzuschwindeln. »Hast du was von Miranda gehört?«

»Ja!«, sagte Tim, aber er klang dabei nicht froh und glücklich, sondern schlaff und traurig. »Sie zieht dauerhaft nach Costa Rica.«

»Was?« Das klang sicher etwas dürftig, aber etwas Besseres fiel mir nicht ein.

»Ihr Vater hat dort einen Posten angeboten bekommen. Sie ziehen so bald wie möglich um. Sie wird nicht mehr zur Uni gehen und auch alles andere hinter sich lassen. Sie zieht nach Mittelamerika, und ich werde sie nie wiedersehen.« Tim gab einen derart langen Seufzer von sich, dass durch seinen Atem das Display beschlug und er im Nebel verschwand.

»Wie furchtbar, das tut mir leid«, sagte ich. Armer Tim. Ich konnte übers Internet spüren, wie sein Herz zerbrach. »Aber sie muss schließlich zurückkommen, um Monty abzuholen, dann kannst du sie noch einmal sehen, und in den Ferien kannst du sie besuchen.«

»Das habe ich auch vorgeschlagen, aber sie meinte, dafür hätte sie keine Zeit, und Monty würden sie auch nicht nach Costa Rica mitnehmen.«

Wie bitte? Monty war doch ihr Hund! Er vermisste sie so sehr, dass ich den ganzen Tag mit ihm im Käfig verbringen musste, damit er aufhörte zu jaulen. Er heulte das ganze Haus zusammen, jede Nacht. Er liebte sie. Wie konnte sie ihn nur zurücklassen?

»Und was wird aus ihm?«

»Sie hatte die Frechheit, mir zu sagen, er sei ein Geschenk an mich. Als ob ich an der Uni was mit einem Hund anfangen könnte!« Plötzlich klang Tim wütend. »Als ich ›Nein‹ gesagt habe, hat sie mich gebeten, ihn wegzugeben. Ich bin so dumm gewesen, Becca. Miranda ist so selbstverliebt. Sie hat mich nur ausgenutzt. Sie mochte mich vermutlich noch nicht einmal. Als Hundesitter war ich gut genug, und jetzt lässt sie ihren Hund fallen – und mich auch. Ich hasse Miranda.«

Wie konnte Miranda so etwas tun?

Sie war gar keine Hundeliebhaberin. Sie war eine Hundeuninteressierte. Man sollte sie dem Veterinäramt melden, vielleicht konnten die dafür sorgen, dass sie niemals wieder einen Hund halten durfte. Sie hatte Monty gekauft, versäumt, ihn zu erziehen, und ihn schließlich einfach fallen gelassen, sobald sich die Möglichkeit ergeben hatte, an einem schicken Ort wie Costa Rica zu leben. Sie war die verantwortungsloseste Hundebesitzerin aller Zeiten.

Tim hatte sie auch fallen gelassen, sie sollte also auch niemals wieder einen Freund haben dürfen.

»Ich freue mich wirklich sehr, dass er für dich so ein Erfolg war«, sagte Tim. »Ich nehme mal an, dass deine Eltern dich ihn nun behalten lassen werden. Ich werde ihr sagen, dass sie deinen Vater anrufen und ihm die ganze Sache erklären soll. Ich muss jetzt los, aber danke, dass du mir so nett ausgeholfen hast. Es tut mir wirklich leid, dass Miranda sich als so furchtbar erwiesen hat, immerhin ist das gut für dich. Du hast endlich den Hund, den du schon immer wolltest!«

»Ja, aber –«, sagte ich. Doch es war zu spät. Die Verbindung war unterbrochen.

Monty schnaufte leise im Schlaf, vermutlich träumte er von einem Wiedersehen mit Miranda. Das würde es jedoch nicht geben.

Armer Monty! Niemand außer mir liebte ihn. Mama wollte ihn in eines dieser Heime für völlig ungeliebte Hunde schicken.

Ich sah mir Tierheime auf Papas Telefon an. Die Hunde waren in Sicherheit und bekamen zu fressen, aber aus den Reihen von Hundekäfigen schauten wunderbare Hunde zwischen den Gitterstäben hervor, auf der Suche nach jemandem, der sie lieben würde. Ein richtiges Hundegefängnis.

Eins der Tierheime hieß: Heim für aussichtslose Fälle. Dort wurden Tiere untergebracht, die niemand wollte.

Ein Hund namens Bongo wartete schon seit drei Jahren auf ein neues Zuhause. Er war schwarz-weiß, genau wie Monty. Er hatte einen krummen Streifen auf der Schnauze, genau wie Monty. Er musste noch erzogen werden, genau wie Monty. Er hätte Montys Zwillingsbruder sein können, und niemand wollte ihn.

Monty durfte auf keinen Fall ins Tierheim. Er würde für den Rest seines Lebens dort ausharren wie Bongo. Monty brauchte Liebe, Streicheleinheiten und Croissants. Er brauchte ein Zuhause. Er brauchte mich!

Ich zog meinen schläfrigen Freund näher an mich heran und vergrub mein Gesicht zwischen seinen sauberen, seidig weichen Ohren.

»Ein Hund ist fürs Leben, nicht nur für Weihnachten. Ich liebe dich, Monty, und ich werde alles dafür tun, dass du für immer bei mir bleiben kannst.«

Monty blinzelte mit dem einen Auge, sein Augapfel bewegte sich, dann schloss er das Auge wieder. Er schlief immer noch. Ich krabbelte aus dem Käfig, um meine grauen Zellen in Schwung zu bringen. Monty wachte dabei nicht auf.

Papa hatte von Montys Ungezogenheit die Nase voll, und Mama drehte entweder völlig durch oder tat so, als existierte er gar nicht. Sie wollten Monty nicht. Aber ich. Ich wollte auch Emily als Freundin zurück, aber wusste nicht so genau, wie ich das anstellen sollte. Ich musste Mama und Papa umstimmen, bevor Mirandas Vater anrief und ihnen mitteilte, dass sie den Hund nicht abholen würden. Das Telefon konnte jeden Augenblick klingeln.

Wenn ich doch bloß diesen Anruf noch etwas hinauszögern könnte, um ein wenig mehr Zeit zu haben, Monty zu einem perfekten Hund zu erziehen.

Papa würde die Neuigkeiten nur erfahren, wenn er sein Telefon klingeln hörte. Jetzt gerade konnte er es nicht hören, da ich das Telefon in der Hand hielt.

Eine riesige Denkblase wuchs langsam in meinem Gehirn heran. Sie wurde größer und größer und PLOPP! Plötzlich wusste ich genau, was ich zu tun hatte.

Ich kontrollierte noch einmal das Display.

Keine Nachrichten.

Keine Anrufe in Abwesenheit.

Bisher nichts von Mirandas Vater.

Ich schaltete das Telefon aus und steckte es hinten in die Tasche meiner Jeans.

Papa wusste schließlich nie, wo sein Telefon war. Er würde sicher nicht in meiner Tasche danach suchen. Ich konnte es in ein paar Tagen »wiederfinden«. Bis dahin konnte ich Monty erziehen und ihn zum allerbesten Hund der Welt machen.

Dann wäre es egal, wenn Papa die Nachricht von Miranda bekommen würde. Monty wäre bereits der perfekt erzogene Hund, und Mama und Papa würden mir erlauben, ihn zu behalten. Für immer.

Endlich hatte ich einen Plan gefasst, und das sogar ganz ohne Emilys Hilfe. Vielleicht brauchte ich gar keine BFFI.

Liebes Tagebuch,
Dinge, die ich nicht über Hunde wusste:
9. Hunde knabbern an ihren Krallen wie Menschen an den Nägeln.

Entschuldige, dass ich gestern gar nicht geschrieben habe, ich war zu besorgt, um einen Stift zu benutzen. Außerdem habe ich den ganzen Tag über Monty beigebracht, in den Käfig zu gehen. Es hat ewig gedauert, weil er jedes Mal, wenn ich „Geh schlafen" gesagt habe, auf dem Küchenboden alle viere von sich gestreckt hat und sich nicht mehr rühren wollte.
  - Zwei Tüten Hundeleckerlis, eine Packung Mini-Wiener und jede Menge Käse später habe ich Monty nun so weit, dass er allein in den Käfig geht (Juchhu!). Ehrlich gesagt glaube ich sogar, dass es ihm dort gefällt, weil er in Ruhe an seinen

Krallen knabbern kann.

- Monty tut zwar so, als würde er schlafen, aber ich weiß, dass er wach ist, weil ich es knirschen, schnappen und beißen höre, er zieht seine Pfoten ein und sieht mich schuldbewusst an, wie ich damals Mama, als sie mich beim Daumenlutschen erwischt hat.
- Er ist einfach so süß! Ich liebe ihn! 😍

13 Einen Hund erziehen

Es war so aufregend, jeden Morgen aufzustehen und zu wissen, dass dort unten so ein toller Hund auf mich wartete. Das Erziehen erwies sich als schwierig, aber er lernte schnell, und ich musste ihm nur noch zigtausend weitere Befehle beibringen, bis aus ihm ein wohlerzogener Hund wurde.

Als ich in die Küche kam, jaulte Monty auf, er war offenbar zum Spielen aufgelegt und freute sich, mich zu sehen – ganz im Gegensatz zu meiner menschlichen Familie. Papa schlug Schranktüren zu und klapperte mit Töpfen. Auch Stevie war schlecht gelaunt. Er kam auf mich zu und verschränkte wütend die Arme vor der Brust.

»Wann wirst du endlich den Hund los?«, fragte er. »Er knurrt ständig Rexy an.«

Bevor ich antworten konnte, motzte auch Papa los.

»Ich kann mein Telefon nirgendwo finden. Das macht mich wahnsinnig.« Er hob ein Malbuch hoch und warf es zurück auf den Tresen, als er sein Handy nicht darunter fand. »Hast du es gesehen, Becca?«

»Nein«, sagte ich und spürte einen Kloß aus Schuldgefühlen in meinem Hals. Tims Kaktuskinn anzuflunkern war eine Sache, Papa anzulügen etwas völlig anderes. Aber wissen, wo sich irgendetwas befand, war nicht das Gleiche, wie etwas gesehen zu haben, oder? Unauffällig fasste ich an meine Gesäßtasche, um nach Papas Telefon zu tasten. Sie war leer. Der schuldbewusste Klumpen in meinem Hals schwoll an.

Papa riss die Besteckschublade auf, sortierte ein paar Gabeln neu ein und schob sie energisch wieder zu. Ich wusste, dass sein Telefon nicht dort sein konnte, aber in meiner Tasche war es auch nicht mehr.

Monty bellte und kratzte an seinem Käfig, aber bevor ich zu ihm gehen und ihn herauslassen konnte, flog die Tür auf, und er kam auf mich zugerannt und sprang an mir hoch, um wie verrückt mein Gesicht abzulecken.

»Wie hast du ...?« Ich biss mir auf die Zunge. Monty hatte es geschafft, allein die Tür zu öffnen, obwohl ich ihm das gar nicht beigebracht hatte. Oder vielleicht hatte ich sie ja nur nicht richtig geschlossen, als ich ihn zu Bett gebracht hatte? Glücklicherweise war Papa zu sehr damit beschäftigt, vor sich hinzufluchen, und hatte nicht bemerkt, was gerade geschehen war.

»Sitz!«, befahl ich Monty so gebieterisch, wie mir nur möglich war, während ich seine nasse Schnauze zur Seite drückte. »Sitz!«

Aber Monty hatte wohl keine Lust, »Sitz« zu lernen. Er rannte zum Spülbecken hinüber, stellte sich auf die Hinterbeine und versenkte seine Schnauze in der Schüssel mit schmutzigem Geschirr. Er verdrehte seinen Kopf auf selt-

same Weise, streckte die Zunge heraus und leckte, was das Zeug hielt.

»Runter! Runter da, sofort!«, schrie Papa.

Monty reagierte nicht.

»Nein, Papa!«, rief ich. »Du bringst ihm die
falschen Befehle bei.« Monty lief nun seitlich
auf Pfotenspitzen am Küchentresen entlang und
leckte die Krümel ab. »Aus!«, sagte ich. Monty
hörte nicht auf.

»Macht wohl auch keinen Unterschied.« Papa
zerrte an Montys Halsband und drückte ihn zu
Boden. »Und mein Telefon ist immer noch verschwunden.«

Monty sauste in seinen Käfig, um seine Decke
neu anzuordnen.

Schamesröte stieg mir ins Gesicht. Ich wollte
Papa nicht wütend machen.

»Hast du im Ofen nachgesehen?«, schlug Stevie nicht gerade hilfreich vor.

Papa riss die Augen weit auf und rannte zum
Backofen. Eine graue Rauchwolke entwich, als

er die Tür öffnete. Er hatte die Croissants verbrannt. Darauf folgte wohl ein Schimpfwort, aber ich konnte es nicht verstehen, da im selben Augenblick der Rauchmelder anfing, ohrenbetäubend zu piepsen.

Stevie hielt sich die Ohren zu und fing an zu weinen, als er sah, wie Papa ein Blech mit schwarzen Croissants in die Spüle kippte. Monty jaulte.

Mama watschelte, die Hände auf die Ohren gepresst, in die Küche, ihr Gesicht verzog sich

zu einem schrillen Schrei, der das gesamte Haus erfüllte.

Ich wedelte mit einem Küchenhandtuch unter dem Rauchmelder herum, aber er hörte nicht

auf. Zu viel Rauch hing unter der Zimmerdecke. Auch Papa schlug mit den Ofenhandschuhen in die Luft, versuchte verzweifelt, den Lärm abzustellen. Aber der Alarm hatte sich vorgenommen, uns ein Feuer zu melden, das es gar nicht gab.

»Hast du meine Handtasche gesehen?«, rief Mama über das Piepsen, Weinen und Fluchen hinweg.

Bevor ich ihr irgendetwas antworten konnte, stürzte Monty aus seinem Käfig hervor, rannte quer durch die Küche und stellte sich auf die Hinterbeine. Er benutzte eine seiner Vorderpfoten dazu, Mamas Handtasche vom Küchentresen auf den Boden zu fegen. Er biss hinein und hob den Kopf, als wollte er sagen: »Fang mich doch!«

»Meine Handtasche!«, rief Mama.

»Monty!« Ich ließ das Küchentuch, mit dem ich gerade noch gewedelt hatte, los und griff stattdessen nach einer Tüte Leckerlis.

»Meine Handtasche! Meine Handtasche! Jetzt mach endlich, dass er nicht alles zerstört!« Mittlerweile weinte Mama fast. Ihr Wimmern harmonierte mit dem schrillen Piepsen des Feueralarms.

»Hör endlich auf!«, schrie Papa der Zimmerdecke entgegen. Er griff nach einer schweren Pfanne, hob sie mit beiden Händen über seinen Kopf und schlug den Rauchmelder hinunter. Krachend landete er auf dem Boden. Die Hülle aus Plastik barst entzwei, und er war still. »Danke«, sagte Papa.

Monty lief an einer Küchenwand auf und ab, die Handtasche zwischen den Zähnen, dann wechselte er auf einmal die Richtung, umrundete mich und legte Mama die Tasche vor die Füße.

»Juchhu!«, rief ich erleichtert und ließ die Hände sinken.

Aber Monty war noch nicht fertig. Er machte kehrt und riss mir die Leckerlis aus der Hand.

»Aber ...«, sagte ich.

Monty sprintete in seinen Käfig zurück und verschlang mit einem Happs die Leckerlis. Inklusive der Plastikverpackung.

»Das nennst du Erziehen?« Mama plumpste auf einen Stuhl und drückte die Handtasche gegen ihren Bauch.

Sie zog ihre Krankenhausunterlagen hervor.

»Was ist denn mit denen passiert?«, wollte sie wissen.

»Ich habe sie gebügelt«, antwortete Papa.

»Sind das etwa Bissspuren?«, fragte Mama.

»Er hatte sie nur ganz kurz zwischen den Zähnen«, sagte ich, wohl wissend, dass selbst ganz kurz zu lang für Mama war.

Mama riss die Augen weit auf, und ihr Kopf zuckte leicht. Sie sah aus wie eine Waschmaschine kurz vor der Explosion.

Papa warf mir einen wütenden Blick zu und kniete sich vor Mama hin.

»Nur noch ein paar Tage«, sagte er. »Atme tief ein, der ganze Stress ist nicht gut für dich.«

»Dieser Hund ist gar nicht gut für mich. Ich will schließlich heute das Zimmer für das Baby herrichten. Und jetzt muss das gesamte Haus desinfiziert werden.« Mama sah wirklich nicht gut aus. »Ich weiß noch nicht einmal, warum er hier ist.«

Papa sah auch nicht gut aus. In seinen Augen standen Tränen.

»Du bist schuld, dass Papa weint.« Stevie zeigte mit dem Finger auf mich. »Du bist genauso fies wie Darth Voldemort!«

Stevie vermischte immer die Bösen, aber er hatte recht. Ich war schuld daran, dass Papa weinte. Und Mama auch.

»Ich gehe mit ihm raus. Spazieren. Im Park.«

»Okay.« Papa nickte mir zu wie ein Zombie. »Aber nimm ein Telefon mit, zur Sicherheit. Aber ich weiß nicht, wo meins ist.« Er klang ziemlich erschöpft.

»Nimm meins«, sagte Mama. »Du kannst es in deine neue Tasche stecken.«

Ich überhörte den Hinweis auf mein fürchterliches Weihnachtsgeschenk, steckte das Telefon in meine Jackentasche und zog den Reißverschluss zu. Mirandas Vater hatte Mamas Nummer nicht, also würde es keine schlechten Nachrichten geben.

»Komm, Monty«, sagte ich.

Monty war in seinem Käfig und rückte erneut seine Decke zurecht. Es sah aus, als sei er überhaupt nicht an einem Spaziergang interessiert.

Ich schüttelte die Leine. Das Ende seiner Schnauze war noch immer in der Decke vergraben, aber er sah mich an, als wollte ich ihn ausschimpfen.

»Möchtest du nicht spazieren gehen?«

Monty hob den Kopf. Er hatte etwas im Maul. Es sah aus wie ein Stück Plastik. Neongrün. Genau wie Papas Telefonhülle.

»Schnell, Monty. Gassi gehen.«

Monty kam aus seinem Käfig geschlichen, und ich befestigte die Leine an seinem Halsband.

Ich machte mir nicht die Mühe, mich zu verabschieden, sondern öffnete die Eingangstür und rannte los, so schnell ich nur konnte.

Monty galoppierte neben mir her, auch wenn er vermutlich nur mit mir Schritt hielt und nicht vor Mama und Papa davonlief.

Ich hielt erst an, als ich um die Ecke und außer Sichtweite war, dann musste ich einen Augenblick Luft holen. Monty kaute immer noch.

»Aus!«, rief ich.

Monty öffnete sein Maul, und die Reste einer Telefonhülle und eines zerkauten Telefons fielen auf den Bordstein.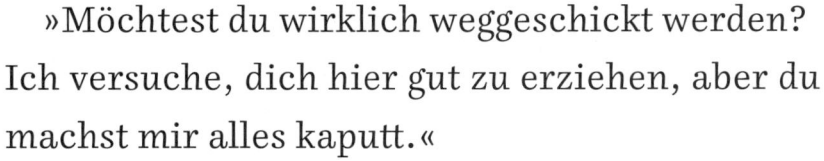

»Möchtest du wirklich weggeschickt werden? Ich versuche, dich hier gut zu erziehen, aber du machst mir alles kaputt.«

Monty sah mich mit seinen bratensoßenbraunen Augen aufmerksam an. Er spitzte die Ohren und neigte den Kopf zur Seite. Ich glaube, er hörte mir zu, war mir aber nicht sicher, ob er mich verstand.

»Monty, du musst wirklich versuchen, dich gut zu benehmen.«

Monty setzte sich zurecht, hob die Pfote und legte sie mir aufs Knie.

»Wie kann ich bloß wütend auf dich sein?«, sagte ich traurig. Ich steckte die Überreste von Papas Telefon in meine Jeanstasche. Das Plastik bohrte sich durch den Stoff in meine Haut, aber ich konnte gerade nichts daran ändern.

Papas Telefon war tot.

14 Parkleben

Ich liebte Monty wirklich, aber konnte es dennoch nicht ertragen, was er allen anderen antat, die ich auch liebte. Er wollte bestimmt nicht ungezogen sein, sondern einfach immer nur spielen. Und seine Art zu spielen war ungezogen.

Hoffentlich würde er im Park keinen Ärger machen. Wir überquerten die Straße am Zebrastreifen und liefen durch das Eingangstor. Kurz dahinter stand ein riesiges Schild: »Lassen Sie Ihren Hund nicht unbeaufsichtigt! Ihr Hundekontrolldienst.«

Ein Hundekontrolldienst! Kontrolldienste waren doch eigentlich für die Sicherheit zuständig, das hatte ich zumindest schon einmal gehört, aber ich wusste nicht, dass sie sich auch um Hunde kümmerten. Und scheinbar nicht nur um Hunde in bewachten Gebäuden, sondern auch in öffentlichen Parks. Vermutlich ging es um so ungezogene Hunde wie Monty.

Ich schob die Überreste von Papas Telefon noch tiefer in meine Tasche. Der Hundekontrolldienst sollte besser nicht Montys Werk sehen.

»Bleib lieber an der Leine, Monty. Nicht dass man dich noch in Sicherheitsverwahrung steckt, weil du dich im Park danebenbenimmst. Mama und Papa würden dich glatt dort versauern lassen. Ich kann mir vorstellen, dass es dort noch schlimmer ist als in einem Tierheim.« Ich musste an die ganzen armen Hunde hinter Gitter denken und zog Monty noch ein wenig näher an mich heran.

Monty hörte mir jedoch nicht zu. Er war zu sehr mit Schnüffeln beschäftigt. Dabei interessierte er sich gar nicht für Straßenlaternen. Nein, er interessierte sich dafür, was andere Hunde an den Laternenmasten, Toren und Mülleimern zurückgelassen hatten, das er erschnüffeln wollte, um dann seine eigene Duftmarke obendrauf zu setzen.

Igitt!

Noch ekliger wurde es, als Monty und ich einen anderen Hund trafen. Ein dicker, fetter brauner Labrador wackelte auf uns zu und beschnüffelte Monty an seinen intimen Stellen. Und Monty tat es ihm nach. Doppelt igitt.

»Ja, hallo, diesen hübschen Kerl habe ich hier bisher noch nie gesehen«, sagte die Besitzerin des Labradors, ohne auf die total peinliche Art und Weise einzugehen, mit der die Hunde sich begrüßt hatten.

Sie war so entspannt. Ganz anders als alle anderen Erwachsenen, die Monty bisher getroffen hatten. Sie tat geradezu so, als sei es das Natürlichste der Welt für Hunde, sich peinlich zu verhalten, auch wenn nichts darüber in *Die Welt der Hunde* stand.

Dinge, die ich nicht über Hunde wusste:

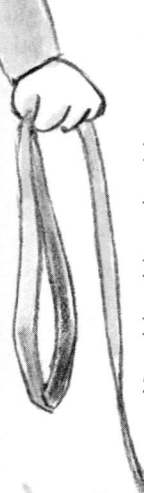

10. Hunde beschnüffeln sich gegenseitig an den intimen Stellen, und zwar jedes Mal, wenn sie sich treffen.

»Er heißt Monty«, sagte ich und ruckelte an der Leine, um Monty darauf hinzuweisen, dass nun Schluss mit dem peinlichen Rumgeschnüffel war.

»Und das hier ist Cody.« Die Frau lächelte. »Was für eine Hunderasse ist Monty?«

»Das weiß ich ehrlich gesagt gar nicht genau«, antwortete ich.

»Für mich sieht er aus wie ein Collie«, sagte die Frau, »mit irgendetwas anderem.«

Monty und Cody hörten auf, sich zu beschnüffeln, und begannen einen seltsamen Tanz. Sie tollten erst in die eine und dann ganz plötzlich in die andere Richtung. Dabei zerrte Monty an meinem Arm. Es fiel mir schwer, der Frau zuzuhören, da er mir wirklich ziemlich wehtat. Es war eine richtige Erleichterung, als plötzlich die Leine schlaff wurde und der Tanz beendet war.

»Vielleicht gemischt mit einem Windhund«, sagte die Frau und sah in die Ferne.

Ein schwarz-weißer Hund schoss über das Fußballfeld, genau auf eine Gruppe von Spielern zu, die dem Ball hinterherliefen. Die Fußballer riefen und versuchten, den Hund wegzujagen, aber er wollte sie einfach nicht in Ruhe lassen. Er wollte spielen. Der Hund sah genauso aus wie Monty.

»Er scheint Fußball zu mögen«, sagte die Frau.

Ich hob Montys Leine hoch. Sein Halsband baumelte leer und trostlos am Ende.

»Oh nein, Monty!«

Ich bin keine besonders gute Läuferin, aber der Gedanke an den Hundekontrolldienst verlieh mir übernatürliche Kräfte. Wenn ich gegen Usain Bolt und Superman angetreten wäre, hätte ich die Goldmedaille gewonnen. Ich muss-

te Monty vor dem Hundekontrolldienst erreichen. Also durchquerte ich den gesamten Park in weniger als fünf Sekunden, aber als ich auf der anderen Seite ankam, hatten die Fußballer das Spiel schon wieder aufgenommen, und von Monty war keine Spur mehr zu sehen.

Mein Herz klopfte wie wild, ich spürte es bis in den Hals hinein. Ich wusste nicht, ob ich mich übergeben oder aufhören sollte zu atmen. Die Verantwortung für Monty lag bei mir, und nun war er verschwunden. Am See, auf der Picknickwiese, im Café, wo sollte ich bloß zuerst nachsehen?

Hinter dem Fußballplatz war ein Mann in einer offiziell aussehenden grünen Uniform. Er hielt einen langen Stock mit einer Greifzange am Ende in der Hand. Der Hundekontrolldienst! Selbst wenn Monty an ihm vorbeiflitzte, musste der Kontrolleur sich nur nach ihm ausstrecken und ihn am Nacken oder Schwanz festhalten. Und vielleicht stand der Greifer ja sogar unter

Strom? Monty würde einen Elektroschock verpasst bekommen und dann in die Sicherheitsverwahrung gesteckt werden.

»Monty!«, rief ich. Heiße Tränen liefen in Sturzbächen über meine Wangen.

Wo war er? Wohin wollte er?

Ich wusste es nicht. Ich hatte nicht die geringste Ahnung von Hunden. Ich war eine völlig unfähige Hundebesitzerin. Was, wenn er sich verletzt hatte? Oder niemals zurückkam? Oder bereits gefangen genommen worden war? Ich musste ihn einfach finden.

Zwei Frauen in Gummistiefeln unterhielten sich an einer Wegkreuzung, eine von ihnen hatte einen Kinderwagen mit Baby bei sich.

»Alles in Ordnung, Liebes?«, fragte mich die Frau mit dem Baby.

»Mein Hund«, schluchzte ich vor Trauer und Sorge, »ich kann ihn nicht finden.« Ich hielt Montys Leine und Halsband hoch. »Und dort hinten ist der Hundekontrolldienst.«

»Keine Sorge, das ist nicht der Kontrolldienst. Das ist Billy, der Müllmann«, sagte die Frau, als der Mann gerade seinen Greifstab ausstreckte, eine leere Dose aufhob und in einen Sack fallen ließ. »Ist dein Hund schwarz-weiß?«, fragte sie.

Ich nickte. Ein wenig lächerlich kam ich mir schon vor, dass ich wegen eines Müllaufsammlers in Panik geraten war. Aber ich musste schließlich Monty finden, bevor der echte Hundekontrolldienst auftauchte.

»Er hat sich mit Sherlock und Watson angefreundet.« Sie sah sich im Park um, genau wie ich in den letzten zehn Minuten. »Da kommen sie schon.«

Sie zeigte auf den Weg, der zum Café führte. Ganz weit hinten war ein schwarz-weißes Etwas zu sehen, das auf uns zusauste. Es war tatsächlich Monty, dem zwei wie verrückt kläffende und jaulende Beagles folgten. Sie mussten mit mindestens hundertfünfzig Kilometern pro Stunde unterwegs sein. Ein Mann griff nach seinem Kleinkind und zog es aus dem Weg, um zu verhindern, dass die Hundemeute es umwarf.

»Watson!«, rief die eine Frau mit den Gummistiefeln.

»Sherlock!«, schrie die Frau mit dem Baby.

Die beiden Beagles beachteten ihre Frauchen überhaupt nicht. Sie genossen es so sehr, Monty zu jagen. Als sie ein wenig näher kamen, verließ Monty plötzlich den Weg und sprang über ein Schild am Zaun, auf dem stand:

HUNDE VERBOTEN

Die Picknickwiese. Die Beagles waren zu klein, um ihm zu folgen, aber sie liefen auf der anderen Seite des Zauns neben ihm her.

»Sieh nur!«, sagte Frau Watson Beagle.

»Sie haben ihren Spaß!«, antwortete Frau Sherlock Beagle.

Ich konnte mein Glück kaum fassen, ich hatte zwei andere Menschen gefunden, die es überhaupt nicht schlimm fanden, wenn Hunde aufdrehten. Ich schluckte die Tränen hinunter und wischte mir übers Gesicht.

Monty rannte einmal um die gesamte Picknickwiese herum. Seine Ohren flogen hinter ihm her wie Emilys Haare beim Rennen, nur natürlich nicht so lang. Seine rosafarbene Zunge hing ihm seitlich aus dem grinsenden Maul heraus. Glücklicherweise picknickte niemand mitten im Winter.

Dinge, die ich nicht über Hunde wusste:
11. Hunde sehen sooooo glücklich aus,
wenn sie frei herumrennen können.

Die Beagles versuchten, mit Monty mitzuhalten, aber sie wurden schneller müde und langsam als er.

»Zeit für Leckerlis, Watson!«, rief Frau Watson Beagle und schüttelte eine Dose.

Die beiden Beagles brachen die Verfolgungsjagd ab und trotteten uns entgegen.

Als Monty bemerkte, dass sie ihm nicht mehr folgten, sprang auch er über den Zaun und kam auf uns zu.

Ich griff nach ihm, bekam jedoch nur ein Stückchen Fell zu fassen. Ich hatte keine Ahnung, wie ich ihn ohne Halsband halten sollte. Aber er wollte auch gar nicht gefangen werden. Er wollte Watsons Leckerlis.

Frau Watson Beagle hielt sie über ihren Kopf. Monty sprang danach. Die Hinterbeine einen Meter vom Boden entfernt.

»Aus, Monty, aus!«, schrie ich, auch wenn seine Ohren offensichtlich abgeschaltet waren. Ich bekam ihn schließlich zu fassen, indem ich meine Arme um seinen ganzen Körper legte und ihn zu Boden zog. Frau Sherlock Beagle half mir dann, ihm sein Halsband wieder anzulegen, und Frau Watson Beagle gab allen drei Hunden zur Belohnung Leckerlis, auch wenn ich mir nicht sicher war, ob Monty sie wirklich verdient hatte.

»Da hast du aber ein echtes Energiebündel«, sagte sie.

»Ich weiß, es tut mir leid. Er ist eigentlich nicht mein Hund.« Sobald die Worte meinen Mund verlassen hatten, hätte ich sie am liebsten wieder eingesogen. Ich hatte Monty gerade verleugnet. Ich war auch nicht besser als Miranda. »Ich weiß nicht so genau, wie ich ihn beruhigen kann.«

»Streichle ihn so«, sagte Watsons Besitzerin. Sie rieb mit ihrer Hand über Montys Rücken, vom Kopf bis hinab zum Schwanz.

Ich tat es ihr nach. Unter meiner Hand fühlte sich Monty stark und muskulös an. Während ich ihn massierte, spürte ich jedoch, wie sich sein Körper ein wenig entspannte und er die Ohren wieder hängen ließ. Mein Monty war zurück.

»Ein toller Hund«, sagte Frau Sherlock Beagle und kraulte Monty unterm Kinn. Er war sichtlich begeistert über die Aufmerksamkeit. Er setzte sich hin und gab die Pfote. »Arbeite zu

Hause am Rückruf, dann hast du ihn bald unter Kontrolle. Er ist ein wirklich wundervoller Hund.«

Ich hockte mich hin und nahm Monty in den Arm. »Siehst du, Monty, so schlimm bist du gar nicht.« Monty lehnte seinen Kopf gegen mich, als hätte er es mir verziehen, dass ich ihn verleugnet hatte.

»Guck mal da, was für ein süßer Welpe.« Frau Watson zeigte auf eine cremefarbene Fellkugel, die neben drei Mädchen herflitzte. Drei Mädchen, die ich kannte. Emily, Lily und Zoe Smith.

Ich versteckte mein Gesicht in Montys Fell und tat so, als kannte ich sie nicht. Was um alles in der Welt hatte Emily mit Zoe Smith zu tun? Ich sah durch das dichte Fell an Montys Nacken hindurch. Lily hatte sich bei Zoe untergehakt. Mit der anderen Hand hielt sie Nudels Leine. Emily lief neben ihnen her, ohne sich an jemandem festzuhalten.

»Der Welpe sollte vermutlich noch nicht draußen herumlaufen«, sagte Frau Sherlock Beagle. »Er ist wahrscheinlich auch noch nicht einmal alt genug für die Impfungen. Ist das ein Cockerpoo?«

»Ja«, antwortete ich in meinem Kopf.

»Alle Achtung, noch so klein und schon so ein riesiger Haufen«, lachte Frau Watson Beagle. »Das hätte man bei seiner Größe nicht erwartet.«

Nudel setzte gerade einen Haufen mitten auf den Weg.

Lily und Zoe rümpften die Nase und zogen Grimassen, arme Nudel. Emily lachte. Nicht ihr normales, selbstbe-wusstes Lachen, sondern ein seltsam künstliches Kichern. Ihr Verlegenheitslachen. Sobald Nudel sein Geschäft erledigt hatte, zog Lily an seiner Leine und lief weiter, ohne sich um den gewaltigen Hundehaufen zu kümmern.

»Hey, ihr!«, rief Frau Watson Beagle hinter den Mädchen her. »Ihr müsst das wegmachen.«

Lily und Zoe wurden schneller, taten, als hätten sie nichts gehört. Emily drehte sich um und blickte zu dem Hundehaufen hinüber. Ihr Gesicht sah zugleich ängstlich und peinlich berührt aus. Sie sagte etwas zu den anderen beiden. Lily zuckte die Schultern. Dann lief sie mit Zoe los, den Weg entlang, auf das Café zu. Nudel flitzte aufgeregt kläffend hinter ihnen her. Es war nicht ihre Schuld, dass sie mal musste. Lily war diejenige, die sich nicht verantwortungsvoll verhielt. Emily schaute noch einmal zurück zu dem Hundehaufen. Es sah nicht so aus, als hätte sie eine Tüte dabei. »Entschuldigung«, formten ihre Lippen in Richtung der Beagle-Besitzerinnen, dann rannte sie hinter Lily und Zoe her.

»Tja«, sagte Frau Watson Beagle.

»Furchtbare Mädchen«, sagte Frau Sherlock Beagle. »Wir sollten sie beim Hundekontrolldienst melden.«

Mir standen schon wieder Tränen in den Augen. Emily war nicht furchtbar. Sie hätte sicherlich den Hundehaufen weggemacht, wenn es ihr Hund gewesen wäre. Ich hätte ihr helfen sollen, anstatt mich vor ihr zu verstecken. Sie war doch eigentlich meine BFFI, aber durch meine Tränen hindurch sah ich nur das Bild von Emily an Weihnachten, wie sie sich von mir weggedreht und Lily zugewandt hatte. Sie mochte mich nicht mehr.

»Ich muss jetzt nach Hause«, sagte ich. »Es hat mich gefreut, Sie kennenzulernen.« Ich wandte mich ab, damit die beiden Beagle-Besitzerinnen nicht sehen konnten, dass ich weinte. Ich musste so schnell wie möglich den Park verlassen, falls Emily zurückkommen würde. Sie sollte nicht wissen, dass ich sie dabei beobachtet hatte, wie sie Nudels Haufen liegen gelassen hatte. Dadurch würde sie sich nur schlecht fühlen und noch viel schlechter, weil sie sich Lily Williamson anstelle von mir als Freundin ausgesucht hatte. Ich wollte nicht, dass sie sich schlecht fühlte. Dafür mochte ich sie einfach zu sehr.

Liebes Tagebuch,
warum nur möchte Emily mit Lily und Zoe befreundet sein? Die sind doch so gemein zu ihr.

15 Ich hasse Telefone

Nachts hatte ich einen wirklich schrecklichen Traum. Ich wurde durch eine Schnur aus Hundekottüten von Lily und Zoe erwürgt, und Emily sah dabei zu. Als ich aufwachte, wusste ich zuerst nicht, ob es wirklich passiert war oder nicht. Aber dann klingelte es an der Tür, und ich stellte fest, dass ich zu Hause in Sicherheit war.

Der Postbote musste geklingelt haben, da Papa ein neues Telefon auspackte, als ich die Treppe hinunterkam.

Mein hundevolles Leben war fast vorbei.

»Gehst du heute in den Park?«, fragte er.

»Vielleicht. Ich könnte mir vorstellen, dass Monty gern seine Freunde wiedersehen würde.« Ich hatte Mama und Papa nicht von Sherlock und Watson erzählt. Auch nicht von Emily, Lily und Zoe.

Papa sah auf. »Haben Hunde Freunde?«

»Sieht ganz so aus.«

»Ich hoffe, er hat nichts angestellt?«

»Nein.«

»Hast du seinen Dreck weggemacht?«

»Ja.«

»Gut.« Er sah mich misstrauisch an.

Vermutlich wunderte er sich über meine einsilbigen Antworten, aber ich traute mich nicht, etwas hinzuzufügen, da mir das Telefon in seiner Hand solche Angst einjagte. In dem Augenblick, in dem er seine alte Nummer auf das neue Gerät übertrug, würden die ganzen nicht angekommenen Nachrichten eintreffen. Und eine davon war sicherlich von Miranda oder ihrem Vater. Was würde dann mit Monty geschehen?

»Wie soll ich bloß dieses Ding ans Laufen kriegen?«, sagte Papa. »Ich hasse Telefone.«

Monty wandte sich von seinem Futter ab und schlüpfte zurück in seinen Käfig. Dort wühlte er in seiner Decke herum, und ein kleines neongrünes Stück kam zum Vorschein. Der letzte Rest von Papas Telefonhülle.

Ich streckte meine Finger durch das Gitter und nahm es an mich. Es war gerade nicht der richtige Zeitpunkt, um Papa von dem Grund für das geheimnisvolle Verschwinden seines Telefons zu erzählen. Ich öffnete die Hintertür und ging hinaus.

»Komm, Monty«, sagte ich, aber Monty reagierte nicht. »Lass uns nach Papas Telefon suchen.« Ich hielt das kleine Stückchen Plastik in die Höhe. Monty kam angerannt und riss es mir aus der Hand. Wir hatten ihm etwas beigebracht. Er erkannte das Wort »Telefon«. Papa hatte es so viele Male gerufen, Monty wusste genau, was damit gemeint war. Was er wohl noch alles zufällig aufgeschnappt hatte?

»Monty, du bist fantastisch!« Ich schlang meine Arme um ihn und drückte ihn fest, sein wedelnder Schwanz schlug gegen mich. »Du bist der beste Hund der Welt! Du verstehst weder

›Hier‹ noch ›Sitz‹ noch ›Aus‹, aber kennst das Wort ›Telefon‹. Ich liebe dich.«

»Becca.« Papa öffnete die Hintertür. Er hielt sein neues Telefon in der Hand, und das Display leuchtete, als habe er gerade das Telefon benutzt. »Kannst du bitte reinkommen? Wir müssen etwas besprechen.«

Ich wusste, was er sagen würde. Natürlich wusste ich das. Aber ich wollte es auf keinen Fall hören. Papa winkte mich und Monty herein.

»Nein, Papa. Bitte nicht!« Ich drückte Monty so fest an mich, dass ihm beinahe die Augen aus dem Kopf herausgequollen wären. »Nein. Nein. Nein«, schluchzte ich und vergrub mein Gesicht in seinem Fell.

Monty jaulte auf und leckte mir über das Gesicht. Er wollte nicht, dass ich traurig war. Er war zwar erst seit ein paar Tagen bei uns, aber er war mein Hund. Er gehörte nicht mehr der dummen Miranda. Er bedeutete ihr überhaupt nichts. Er gehörte mir, mir, mir.

»Wir können ihn nicht behalten«, sagte Papa. »Das geht nicht. Wir haben uns nur eine Zeit lang um ihn gekümmert, und das noch nicht einmal freiwillig.« Papa lehnte am Kühlschrank, seine Miene war grau und versteinert.

Mama saß am Tisch und sah genauso entschlossen aus.

»Wir würden mit keinem Hund klarkommen«, sagte Mama. »Das schaffen wir einfach nicht.«

»Ich schon!«, sagte ich. »Ich kümmere mich um ihn und gehe regelmäßig mit ihm spazieren.«

»Guck dir doch den ganzen Dreck an.«

Eine Spur aus matschigen Pfotenabdrücken führte von der Hintertür bis zu Monty.

»Ich kann putzen, wischen, staubsaugen.«

»Es tut mir leid, Becca. Aber es geht nicht«, sagte Papa. »Bald kommt schon das Baby –«

»Euer Baby, nicht meins. Es ist noch nicht einmal geboren. Aber Monty ist hier, jetzt. Er ist mein Hund. Ich liebe ihn. Das könnt ihr nicht machen. Ich bin euch doch völlig egal.«

Die Küche verschwamm hinter einer Mischung aus Tränen und Schnodder. Ich konnte nicht mehr richtig sehen. Nicht mehr richtig denken. Ich war dabei unterzugehen. Niemanden interessierte, was ich dachte. Niemand interessierte sich für mich. Mama und Papa interessierten sich nur noch für das Baby. Und Stevie interessierte sich nur für seine dämlichen, ausgestorbenen Dinosaurier. Und Emily interessierte sich nur noch für Lily.

»Das stimmt nicht«, sagte Papa.

In meinem Inneren kochte eine ziemlich unschöne Mischung aus Groll und Wut. Nur Monty mochte mich. Er hob seinen Kopf und gähnte traurig. Er wusste, dass wir uns über ihn stritten. Er war so klug, er verstand einfach alles.

»Ich rufe jetzt in den Tierheimen an und gucke, wer ihn aufnimmt.« Papa gab den längsten, geradezu weltrekordverdächtigen Seufzer aller Zeiten von sich und ging dann ins Arbeitszimmer, um zu telefonieren.

Den restlichen Tag ließ ich Monty nicht mehr
los. Ich zog ihn neben mich aufs Sofa und drückte ihn ganz eng an mich. Ich wollte sein seidig
weiches schwarzes Fell spüren, sein Herz direkt
neben meinem klopfen hören. Ich liebte seinen
warmen Atem und die Art, wie er mich mit dem
Kopf anstupste, wenn ich ihn nicht so streichelte, wie er es am liebsten mochte.

»Auf Wiedersehen, Monty«, sagte Stevie und schwenkte Rexy vor unseren Augen auf und ab. Monty knurrte und schnappte nach dem Plastikdinosaurier.

»Hau ab, Giftzwerg!«, schrie ich, und es war mir ganz egal, ob mich jemand hörte.

Mama führte Stevie weg, ohne mit mir zu schimpfen.

»Beachte ihn gar nicht, Monty. Hör einfach gar nicht hin.«

Ich und Monty. Monty und ich. Zwei Seiten einer Medaille. Ich liebte ihn, er liebte mich. So schliefen wir ein. Ein großes, warmes Liebesbündel.

Als ich aufwachte, schmerzte mir der Kopf, und meine Augen fühlten sich geschwollen und wund an. Mein ganzer Körper tat mir weh, da ich es nicht gewohnt war, ein gebrochenes Herz im Brustkorb zu haben.

Monty stand auf und streckte seine langen Beine aus. Er sah mich an, als wollte er mit mir spazieren gehen, aber ich wusste nicht, ob ich genügend Energie dafür hatte.

Mama kam herein und zog sich die Gummihandschuhe aus. Sie hatte schon wieder geputzt.

»Möchtest du etwas trinken?«, fragte sie.

»Wir beide«, nuschelte ich und zeigte auf Monty. Ich nuschelte, da keine klare Sprache mehr in mir war.

Mama goss mir ein Glas Milch ein und füllte Monty eine Schale mit Wasser. Dann setzte sie sich zwischen mich und Monty aufs Sofa. Sie umarmte mich und sagte mir, dass sie mich liebte, während sie mir über den Kopf streichelte. Das hatte sie schon lange nicht mehr gemacht. Monty saß auf der anderen Seite neben ihr und legte ihr eine Pfote aufs Knie. Sie tätschelte auch ihn. Es war das erste Mal, dass sie ihn überhaupt berührte. Er drückte sie mit der Schnauze, bis sie es genau richtig machte.

»Er ist ein toller Hund«, sagte Mama. »Aber er passt nicht zu uns.«

Ich antwortete nicht. Ich ließ nur die Tränen-
ströme heraus, während mein Herz in noch klei-
nere Splitter zerbarst.

»Spielen Emily und du immer noch Tiersalon?«

Ich antwortete nicht.

Ich hatte Mama noch nicht erzählt, dass Emily und ich keine Freundinnen mehr waren. Ihr
war immer so übel gewesen, dass sie mir nicht
hatte zuhören können.

»Warum spielt ihr es nicht heute echt, wenn
wir von der Party bei den Denaros zurückkommen?«

Die Party! Die hatte ich ganz vergessen.

»Ich möchte nicht dahin«, sagte ich, aber meine Stimme war so leise, dass Mama mich nicht
hörte.

»Ich habe Emilys Bett in deinem Zimmer auf-
gebaut«, sagte Mama.

»Sie kann nicht bei uns übernachten«, sagte
ich.

»Warum nicht?« Mama lehnte sich nach hinten und massierte den unteren Teil ihres Rückens.

»Sie wird es nicht wollen.« Ich tat so, als würde ich in Montys Fell nach Flöhen suchen, die es dort natürlich nicht gab. Ich konnte Mama nicht ins Gesicht sehen. »Sie wird vermutlich lieber bei Lily bleiben.«

Mama hielt beim Massieren inne und legte mir eine Hand auf die Schulter.

»Habt ihr euch gestritten?«

Ich zuckte die Schultern, und zwei dicke Tränen kullerten auf Montys Fell.

»Wenn es wegen des zerstörten Weihnachtsbaums ist, dann musst du dir wirklich keine Sorgen machen. Claudio hat darüber gelacht, als er angerufen hat, um uns an die Party zu erinnern.«

Ich biss mir auf die Lippe, weil ich nichts sagen wollte. Herr Denaro hatte vielleicht gelacht, aber Emily sicher nicht.

»Er wollte noch mal sichergehen, dass Emily bei uns übernachten kann, da sie Familie aus Italien zu Besuch haben und Emilys Zimmer brauchen. Es wird bestimmt lustig. Wie immer.« Mama stand auf. »Ich muss mich jetzt umziehen. Und du auch. Komm schon, Becca, lass uns zusammen feiern!«

Liebes Tagebuch,

es ist Silvester. Ich muss mit zu der Party von den Denaros, dabei möchte ich Emily doch gar nicht sehen. Außerdem will ich Monty nicht allein lassen. Heute ist der letzte Tag, an dem ich in dich schreiben werde, dich, die Katze mit Verstopfung. Ab morgen sollte ich dann wohl in mein neues Tagebuch schreiben, das ich mit Herzen und Pfotenspuren verziert habe. Aber ich glaube, ich habe keine Lust. Auf Wiedersehen, Tagebuch.

16 Partysorgen

Emily und ich sind miteinander befreundet, seitdem sie in der ersten Klasse an meine Schule kam. Ihre Familie war gerade erst aus Italien hierhergezogen. Sie war schüchtern und nervös, da ihr Englisch noch nicht so gut war. Ich fand sie toll, weil ihr Englisch noch nicht so gut war UND sie schwarze Superheldinnenhaare hatte UND sie eine warme olivfarbene Haut hatte UND ganz anders war als die anderen Kinder in meiner Klasse.

Der Lehrer setzte sie neben mich, und wir wurden sofort beste Freundinnen. BFFI.

Herr und Frau Denaro kannten niemanden, als sie hierherzogen, deshalb veranstalteten sie eine Silvesterparty und luden alle Nachbarn und die Freunde ihrer Kinder mit Familien ein. Es war wirklich ein rauschendes Fest.

Emily und ich waren gerade einmal fünf Jahre alt und Stevie noch ein Baby, weshalb Mama und Papa meinten, wir könnten nicht so lange bleiben, und versuchten, mich um neun Uhr nach Hause zu bringen. Emily war darüber sehr unglücklich und wollte mich nicht gehen lassen, da auf der Party hauptsächlich Erwachsene und die jugendlichen Freunde ihres Bruders waren, also schlug Mama ihr vor, bei uns zu übernachten.

So haben wir es von da an jedes Jahr gemacht, und ich nehme an, die Erwachsenen dachten, wir würden es dieses Jahr genauso halten. Sie waren viel zu beschäftigt mit italienischen Gästen und ungeborenen Babys, um mitzubekommen, was bei Emily und mir an diesem Silvester los war.

Die Party war schon in vollem Gange, als wir ankamen.

»Zur Kinderparty dort entlang!«, sagte Herr Denaro und zeigte in Richtung Wohnzimmer.

Stevie rannte los, um sich aus den Klauen einer italienischen Großmutter zu befreien, die sein blond gelocktes Köpfchen tätschelte und immer wieder »Splendido angelo!« rief.

Ich ließ sie meine Haare streicheln und alle möglichen italienischen Dinge sagen. Es hörte sich schön an, und ich konnte so den Moment hinauszögern, Emily zu begegnen. Als aber der Kellner mit Getränken für Erwachsene vorbeikam, scheuchte mich die italienische Großmutter zur Kinderparty.

Ich blieb in der Tür stehen, um zu sehen, wer alles dort war. Stevie guckte ein paar Jugendlichen zu, die Minecraft auf einem Computer spielten, während eine Horde Mädchen irgendeinen Tanz vor dem Fernseher aufführte. Die Freunde von Emilys Bruder nahmen den Rest des Raumes ein. Emily konnte ich nirgendwo entdecken. Ich lehnte mich an ein Regal und versuchte, unsichtbar zu sein. Wie gern wäre ich mit Monty zu Hause geblieben.

»Ich hasse es, auf eine Party zu gehen und wie ein Baby behandelt zu werden«, hörte ich in dem ganzen Partylärm plötzlich eine Stimme. Es war Zoe Smith, die allerdings einen seltsamen Akzent nachahmte. Ich lehnte mich nach vorn und spähte um das Bücherregal herum. Zoe sprach mit einem Jungen, der Kopfhörer trug. Ich kannte seinen Namen nicht, aber er hatte vor ein paar Jahren auf der weiterführenden Schule angefangen, musste also deutlich älter sein als wir, vierzehn oder fünfzehn ungefähr.

»So etwas macht man vielleicht in Italien, aber hier doch nicht«, hörte ich da eine andere Stimme sagen. Der Junge bewegte sich ein wenig, und ich konnte Lily erkennen, die es sich am Ende des Sofas gemütlich gemacht hatte. »Selbst gemachte Limonade, wirklich? Es gibt noch nicht einmal Cola light.«

Ein Hauch von Entrüstung stieg in mir stellvertretend für Frau Denaro auf. Ihre selbst gemachte Limonade hatte Kultstatus und schmeckte tausendmal besser als Cola light. Ich wusste, dass sie den ganzen Nachmittag damit verbracht hatte, sie herzustellen. Die Zitronen dafür kamen extra aus Sizilien. Ich hatte sie schon viele Male dabei beobachtet, wie sie die Limonade zubereitet hatte. Sie wollte nur das Beste für ihre Gäste.

»Ich wäre echt lieber allein zu Hause geblieben«, maulte Zoe weiter. »Aber ihr wisst ja, wie Eltern manchmal sind ...«

Der Junge nahm einen großen Schluck aus der Flasche in seiner Hand, sagte aber nichts.

»Wenn ich zu Hause geblieben wäre, hätte ich die ganzen kleinen Unfälle von Nudel aufwischen müssen«, sagte Lily. »So kann sich meine Mutter darum kümmern.« Lily lachte, dabei war es überhaupt nicht lustig. Es war gemein, angeberisch und fies. »Vielleicht hätte ich Nudel einfach mitbringen sollen, dann könnte Emily den Dreck wegmachen. Sie liegt mir ständig wegen des bescheuerten Hundehaufens in den Ohren, den wir im Park liegen gelassen haben. Ehrlich, geht's noch, wen interessiert das schon?«

Wie konnte sie nur so über Emily reden? Lily war ein Partygast und verhielt sich so fies und schrecklich. Ich wusste nicht, was ich tun sollte. Wenn ich zu ihr hinübergehen würde, um ihr die Meinung zu sagen, würde es bestimmt Streit geben, und ich wollte schließlich nicht die Party verderben. Aber wenn ich nichts sagte, hatte ich Angst, vor Wut zu platzen.

Auch Zoe lachte. Oder grinste. Oder beides.

Emily kam aus dem Partygewühl hervor, rannte an mir vorbei und lief die Treppe hinauf.

»Ups!«, kicherte Lily.

Am liebsten wäre ich hinter Emily hergelaufen, aber Wut stieg in mir auf.

Ich machte einen Schritt in den Raum hinein und sah Lily an. Sie drehte sich weg, ignorierte mich und tuschelte mit Zoe, dann lachten beide.

»Ich habe es ja gesagt, eine Party für Babys!«, sagte Zoe.

»Ja, Babys wie euch, die so tun, als wären sie Teenager!«, fuhr ich sie an.

Blut rauschte in meinen Ohren und Wangen. Ich wusste, dass ich so rot war wie eine Tomate. Mir war klar, dass ich in diesem Augenblick genauso fies war wie die beiden, aber so durfte niemand über meine BFFI und ihre Familie reden.

Das Lächeln verschwand von den vor Gloss glänzenden Lippen, der Junge mit den Kopfhörern zog die Augenbrauen hoch und schlenderte hinüber zu der Minecraft-Gang.

Ich hatte gar nicht gewusst, wie fies ich sein konnte. Aber es war mir egal. Sollten sie sich doch an ihrer Limonade verschlucken, ich musste Emily finden.

Die Küche war gerammelt voll mit Männern, die sich über Fußball unterhielten. Und zwar mit Händen und Füßen, da ein Teil nur Italienisch konnte.

Im Salon saßen die Frauen und waren dabei, Mama Ratschläge zu geben. Auch hier wurde viel gestikuliert. Aber ich hatte keine Zeit, mir das alles genauer anzusehen.

Großmutter Denaro stand immer noch im Flur und quatschte alle auf Italienisch voll, auch wenn die meisten Gäste sie nicht verstanden. Sie hielt mich kurz fest und zeigte die Treppe hinauf: »Emilia e al piano di sopra.« Sie nahm mein Gesicht in ihre Hände, gab mir sanft einen Kuss auf die Stirn und scheuchte mich dann weg.

Oben standen überall halb ausgepackte Koffer herum. Schuhe und Hutschachteln lagen auf dem Boden verteilt. Es sah alles sehr italienisch aus. Kein Wunder, dass Emily heute Nacht lieber bei mir übernachten sollte. Die Verwandtschaft hatte das ganze Haus in Beschlag genommen. Nur Emilys Zimmertür war geschlossen. Ich lauschte. Drinnen schluchzte jemand.

Ich klopfte an die Tür, benutzte dabei unser Erkennungszeichen und öffnete.

»Becca!« Emily schlang ihre Arme um mich, sodass ich von Tränen und Schnodder bedeckt wurde. »Ein Glück, du bist da. Es tut mir so leid.« Sie weinte noch etwas an meiner Schulter weiter, und ich sagte wohl all die Dinge, die einem in solchen Momenten einfallen wie »Ist schon okay« oder »Das wird schon«. Aber ich erinnere mich nicht mehr richtig, da ich gleichzeitig so glücklich und aufgeregt war.

»Ich hasse Lily Williamson!«, sagte sie, als sie sich schließlich aus der Umarmung löste, um nach Taschentüchern zu suchen.

»Ich auch!« Ich schnäuzte mich. »Aber um die musst du dir keine Sorgen machen. Ich bin ja jetzt hier bei dir, und das bleibe ich auch.«

Liebes Tagebuch,
ich quetsche diese Zeilen noch unten auf die letzte Seite des Jahres, weil sie so wichtig sind.
Emily ist wieder meine BFFI!

17 Tiersalon

Es war gerade einmal neun Uhr abends, als wir Emilys Haus verließen. Ich glaube, Frau Denaro war ein wenig enttäuscht, dass wir nicht noch bleiben wollten, aber Emily beharrte darauf, und die Party war in vollem Gange, also diskutierte sie nicht mit uns.

»Hast du dein Telefon dabei?«, fragte Frau Denaro, als sie Emily einen Abschiedskuss gab.

»Das brauche ich heute nicht«, sagte Emily und sah mich dabei etwas verlegen an. »Wenn du mich erreichen willst, kannst du ja auf Beccas Festnetz anrufen. Frag einfach nach dem Tiersalon, und Herr Sanderson wird dich schon durchstellen.« Sie nahm einen riesigen Schminkkoffer mit, hakte sich bei mir unter, und wir liefen gemeinsam nach Hause.

Mama war froh, früh gehen zu können.

»Mein Rücken bringt mich noch um«, sagte sie, als wir ins Haus gingen. »Alle waren so nett zu mir, aber das ganze Reden über Babys macht es nur noch schlimmer. Ich habe ihnen immer wieder gesagt, dass ich bereits zwei Kinder habe, was sie aber nicht davon abgehalten hat, mir jede Menge guter Ratschläge zu geben.«

Papa umarmte sie vorsichtig. »Es tut mir leid, dass du dich so schlecht fühlst. Kann ich dir ein Bad einlaufen lassen oder den Rücken massieren?«

Mama nickte, und Papa half ihr die Treppe hinauf. Eine Minute später kam er zurück, um sich um Stevie zu kümmern.

»Stevie, du kannst auch schon nach oben kommen«, sagte Papa. »Lass die Mädchen in Ruhe, ich lese dir etwas vor, während Mama in der Badewanne ist.«

»Ich will aber noch nicht ins Bett, ich will mit Rexy spielen.« Stevie schüttelte seinen Dinosaurier, aber er gab keinen Laut von sich. »Sein

Akku hat schon den ganzen Tag nicht funktioniert.«

Papa nahm ihm Rexy aus der Hand und schloss ihn an die Steckdose an. Seine Augen blinkten. »Du musst bis morgen warten.«

»Das will ich aber nicht. Ich will mit Rexy spielen.«

Papa versuchte, ihn zu beruhigen, aber Stevie heulte und schrie. Er warf sich sogar auf den Boden und trat gegen die Wand. Letzten Endes musste Papa ihn hochheben und nach oben tragen.

»Puh!«, sagte Emily.

»Du sagst es, der arme Stevie. Es liegt an diesem Spielzeug. Irgendetwas stimmt nicht mit ihm. Ständig ist der Akku leer«, sagte ich. »Es macht Stevie ganz kirre. Zum Glück braucht Monty keine Batterien.« Die Worte blieben mir im Hals stecken, da ich wusste, dass Monty nicht mehr lange bei mir bleiben durfte. »Glaubst du, dass ich als verantwortungsvolle Hundehalterin versagt habe? Vielleicht ist es ja besser für Monty, bei jemand anders zu sein.« Meine Worte stockten, und ich spürte plötzlich, wie mir Tränen über die Wangen liefen. Mein geliebter Hund würde mich am nächsten Morgen verlassen.

»So ein Quatsch! Du bist die beste Besitzerin, die ein Hund wie Monty sich wünschen kann. Hoffentlich findet er jemanden, der genauso nett zu ihm ist, wenn er in sein neues Zuhause kommt«, sagte Emily und drückte dabei meine Hand.

Ich nickte und streichelte wieder und wieder über Montys Ohren. Mein Mund zuckte bei dem erfolglosen Versuch, das Schluchzen zu unterdrücken.

»Ich wünschte, er könnte bei mir bleiben«, sagte ich. »Aber niemand anders aus meiner Familie will ihn behalten.«

»Er wird dich vermissen«, sagte Emily. »Ich habe dich auch vermisst.« Sie nahm meine beiden Hände, als würden wir unseren Freudentanz aufführen. »Es tut mir wirklich leid, Becca, dass ich so gemein zu dir war.«

»Es ist in Ordnung, unterschiedliche Freunde zu haben«, sagte ich. Ich meinte das auch. Emily hatte sich mit Lily angefreundet und ich mit Monty.

»Es macht wirklich Spaß mit Lily in der Theater-AG, wenn wir verschiedene Rollen spielen, aber die echte Lily ist anders. Sie will immer ihren Kopf durchsetzen. Sie ist keine echte Freundin, nicht so wie du.«

Wir umarmten uns fester als je zuvor.

»Ich werde mich dir zuliebe bemühen, freundlicher zu Lily zu sein«, sagte ich. »Aber ehrlich gesagt möchte ich mit Zoe nichts zu tun haben.«

»Ich auch nicht!«, sagte Emily. »Jetzt pass aber mal auf, was ich dabeihabe. Sie öffnete ihren riesigen Schminkkoffer und zeigte mir, was sie alles mitgebracht hatte.

»Ich habe Bürsten, Kämme und Mamas gesamtes Nagelset, damit können wir Monty richtig herausputzen«, sagte sie.

Wie immer hatte Emily den perfekten Plan. Wenn wir Monty fürs Tierheim richtig gut aussehen ließen, würde ihn bestimmt jemand mit nach Hause nehmen wollen. Jemand, der ihn genauso lieb haben würde wie ich. Deshalb ist

Emily auch meine beste Freundin. Sie weiß, was gut für mich ist. Sie ist wie eine Zwillingsschwester für mich, nur mit schwarzen Superheldinnenhaaren.

Zusammen putzten wir Monty heraus.

Zuerst bürsteten wir ihm den getrockneten Matsch von Beinen und Bauch. Monty genoss es sichtlich, gepflegt zu werden. Er lag auf dem Rücken und streckte alle viere von sich, während wir jedem kleinsten Schlammsprenkel zu Leibe rückten.

»Was meinst du? Sollen wir als Nächstes seine Nägel machen? Er liegt gerade so gut da, die Pfoten in der Luft.« Emily suchte in ihrer Tasche. »Rosa oder roten Nagellack?«

Montys Krallen sahen eigentlich schon so sehr schön aus. Sie waren schwarz, was gut zu seinen weißen Pfoten passte. Ich war mir ziemlich sicher, dass Monty Nagellack ebenso verabscheute wie ich. Igitt! Aber ich wollte Emily nicht verärgern, da sie sich so ins Zeug legte.

»Ich denke nicht, dass er so der rosa Typ ist«, sagte ich.

»Also rot?« Sie hielt ein Fläschchen Nagellack hoch, es war rot wie Blut.

Ich schüttelte den Kopf.

»Dann nur einmal Polieren, also?«, sagte Emily.

Eine von uns hielt Montys Pfote fest, während die andere Kosmetikerin mit einer Polierfeile seine Krallen zum Glänzen brachte. Als wir fertig waren, sahen sie aus wie polierte Kohlestücke. Sehr ansehnlich.

»Was bist du bloß für ein wunderhübscher Hund«, sagte Emily und wuschelte ihm durch das Fell an seinen Ohren, genau wie Monty es mochte. »Perfekt für eine Hundeschau.«

»Der schönste von allen«, sagte ich und musste schon wieder weinen. Emily hielt mich fest im Arm, während ich weinte. Es machte ihr nichts aus. Sie ließ mich ganz ich selbst sein, so wie sie ganz meine beste Freundin war.

Papa sah ein paarmal nach uns. Ich wusste, dass er an der Tür war, tat jedoch so, als würde ich ihn nicht bemerken, um nicht ins Bett zu müssen. Ich wollte so lange wie möglich mit Emily und Monty zusammen sein. Am Ende zerstörte das Feuerwerk unsere gemeinsame Zeit.

Es begann mit einer einzelnen Rakete. Ich hörte sie in der Ferne, nur ein leiser Knall, aber Monty mochte es ganz und gar nicht. Er sprang vom Sofa und verschwand mit dem Kopf zwischen den Vorhängen. Ein tiefes Knurren war zu hören. Normalerweise knurrte er nur Rexy an, und der war nun wirklich kein Feuerwerk.

Noch eine Rakete explodierte über uns, und noch eine. Montys Knurren verwandelte sich in ein wütendes Gebell. Als Mitternacht näher rückte und alle Menschen ihre Feuerwerkskörper zündeten, um das neue Jahr zu begrüßen, drehte Monty durch. Er rannte mit dem Vorhang über dem Rücken vor der Terrassentür auf und ab und bellte jede Explosion wütend an.

»Das ist doch nur Feuerwerk, Monty. Feuerwerk. Nichts Schlimmes.« Ich versuchte, ihn von der Terrassentür wegzuziehen, aber Monty ließ sich nicht beruhigen. Emily probierte, ihn mit einem lustigen Tanz abzulenken, sie klatschte und schnipste mit den Fingern, aber Monty interessierte sich kein bisschen für sie. Er hob den Kopf und jaulte. Ich versuchte es mit der Massagetechnik, die Frau Beagle mir beigebracht hatte, aber dafür hielt er nicht lang genug still.

»Es reicht, Monty!«, sagte Papa müde und schaffte es kaum, sich vom Sessel zu erheben. »Du wirst noch Mama und Stevie aufwecken!« Monty rannte zur Eingangstür und kratzte daran, um nach draußen zu gelangen. Noch mehr Feuerwerkskörper explodierten, und Monty begann wieder zu bellen.

»Was ist denn los?«, fragte ich. »Warum bellt er so viel?«

»Er fürchtet sich vor dem Feuerwerk«, sagte Papa. »Er versteht es nicht.«

»Vermutlich hält er es für gefährlich«, sagte Emily.

»Monty, ist doch schon gut.« Ich drückte meinen wundervollen Hund in der Hoffnung, ihn dadurch zu beruhigen. Armer Monty. Beim nächsten Mal, wenn er Feuerwerk hören würde, war er schon im Tierheim, ohne jemanden, der ihn liebte. Monty jaulte und duckte sich weg. Er saß

mit erhobenem Kopf auf der Fußmatte vor der Haustür und bellte lauter als je zuvor.

Papa holte den Käfig aus der Küche und stellte ihn in den Hauswirtschaftsraum.

»Hier ist es dunkler. Ich kann die Rollläden schließen, dann sieht er nichts mehr von dem Feuerwerk. Wir sollten jetzt alle schlafen gehen.« Papa fasste Montys Halsband und schob ihn in seinen Käfig. Dann legte er eine Decke darüber. »Hoffentlich hält ihn das ruhig. Armer Hund. Er denkt vermutlich, dass die Welt gerade untergeht.«

Das tat sie auch, wobei das Ganze nichts mit dem Feuerwerk zu tun hatte.

»Gute Nacht, Monty.« Ich schlüpfte mit dem Kopf unter die Decke und drückte mein Gesicht an das Gitter. »Ich wünschte, du könntest heute Nacht in meinem Bett schlafen, aber dafür bist du wahrscheinlich zu verängstigt. Schlaf gut!«

»Jetzt aber schnell ab nach oben, ihr beiden. Es ist Mitternacht. Ein neues Jahr.«

»Frohes neues Jahr!«, sagte Emily und drückte mich fest.

»Frohes neues Jahr!«, antwortete auch ich,
aber es fühlte sich gar nicht froh an.

18 Nächtliches Gebell

Emily und ich sprachen nicht viel, als wir in unsere Betten schlüpften. Es war für uns beide ein anstrengender Tag gewesen, aber es fühlte sich beim Einschlafen gut an, meine BFFI auf dem Boden neben mir zu wissen, falls ich sie in der Nacht brauchen sollte.

Ich hatte keine Ahnung, wie spät es war, als ich Montys Bellen hörte. Irgendetwas musste ihn aufgeweckt haben. Vielleicht hatte es jemand lustig gefunden, auf dem Nachhauseweg von einer Silvesterparty noch ein paar Böller zu zünden.

»Emily?«, flüsterte ich. »Bist du auch wach geworden?«

Emily antwortete nicht. Ich konnte ihren Umriss im Schlafsack erkennen und ihren ruhigen Atem hören. Sie schlief tief und fest.

Monty hingegen war hellwach. Er bellte jetzt sogar noch lauter als zuvor. Irgendetwas schien ihn ganz schön aufzuregen. Aber draußen war nichts zu hören. Noch nicht einmal das Knistern einer Wunderkerze. Ich kniete mich im Bett hin und schaute durch die Vorhänge. Es war stockfinster. Alle Fenster in allen Häusern aus unserer Reihe waren dunkel. Noch war es nicht Morgen. Alle schliefen. Alle außer Monty. Er bellte.

Ich fand meine Taschenlampe und leuchtete damit meine Uhr an. Viertel nach zwei. Ich war noch nie in meinem Leben um diese Uhrzeit wach gewesen.

Montys Gebell klang immer verzweifelter. Ich lauschte, ob ich Papa hören konnte, der nach unten trampelte, um ihn anzuschreien, aber außer Monty regte sich niemand.

Bei uns zu Hause gibt es diese Regel, dass Kinder (Stevie und ich) sich nicht unten aufhalten dürfen, wenn nicht entweder Mama oder Papa morgens bereits aufgestanden sind. Folglich war ich noch nie nachts allein im Erdgeschoss gewesen, und damit wollte ich jetzt eigentlich auch nicht anfangen.

Monty bellte weiter, und ich hörte, wie er an seinem Käfig kratzte, als wollte er daraus entkommen.

Dann hörte ich Schritte auf der Treppe. Nicht Papas Schlurfen oder Mamas Watscheln. Ich hörte Pfoten mit zurechtgemachten Krallen, die durch den Flur tapsten. Meine Tür wurde aufgeschoben, Monty sprang auf mein Bett und drückte sein Gesicht gegen meins.

»Wie hast du es geschafft, herauszukommen?«, fragte ich und streichelte und drückte ihn. Mein Traum war wahr geworden. Mein Hund. Auf meinem Bett. Mama und Papa würden alles andere als begeistert sein, wenn sie ihn hier fanden, aber das war mir ganz egal. Es waren schließlich unsere letzten gemeinsamen Stunden.

»Was ist los?«, fragte Emily verschlafen.

»Pst! Es ist Monty. Er hat sich befreit, damit er bei uns sein kann«, antwortete ich. Emily schälte sich aus dem Schlafsack und setzte sich zu uns aufs Bett. »Ich habe schon ein paarmal bemerkt, dass der Riegel an seinem Käfig offen war. Ich dachte, ich hätte ihn nicht richtig verschlossen. Aber vermutlich stimmte das gar nicht. Er ist so ein kluger Hund, dass er herausgefunden hat, wie man ihn öffnet.«

Monty leckte abwechselnd über Emilys und mein Gesicht. Ich versuchte, ihn dazu zu bringen, sich aufs Bett zu legen, aber er stand immer wieder auf und wich vor mir zurück. Er streckte seine Pfoten nach vorn, das Hinterteil in der Luft, und wedelte aufgeregt mit dem Schwanz. In dem schummerigen Licht konnte ich sehen, wie sich die weiße Schwanzspitze wild hin und her bewegte.

»Sitz!«, sagte ich, aber es ist wirklich nicht einfach, so streng wie Frau Gravett zu klingen, wenn man flüstern muss.

Monty dachte auch gar nicht daran. Er drehte seinen Kopf auf eine Seite und gab sein Spiel-mit-mir-Bellen von sich.

»Pst!«, sagte ich. »Es ist mitten in der Nacht.«
Monty machte einen Satz vorwärts, bekam mit den Zähnen meine Decke zu fassen und versuchte, sie von mir herunterzuziehen, aber Emily saß darauf und verhinderte es dadurch.

»Er ist wirklich ungezogen«, kicherte sie.

»Mama und Papa werden ausrasten, wenn sie ihn hier oben finden«, sagte ich und taumelte vorwärts, um ihn zu fassen zu bekommen.

Monty sprang vom Bett, rannte jedoch nicht wie sonst im Eiltempo durchs Zimmer. Er stand an der Tür und bellte noch einmal.

»Er ist ungezogen, aber das kommt mir jetzt wirklich seltsam vor«, sagte ich zu Emily. »Warum will er bloß nachts um zwei spielen? Normalerweise schläft er doch um diese Zeit.«

Monty rannte hinaus auf den Treppenabsatz, dann kam er zurück in mein Zimmer geschossen, dann wieder auf den Treppenabsatz zurück und wieder ins Zimmer. Immer wenn er mich ansah, bellte er.

»Meinst du, dass er uns etwas sagen möchte?«, fragte Emily. »Es ist doch hoffentlich kein Dieb im Haus, oder?«

»Wer weiß?«, antwortete ich verunsichert. »Kommst du mit? Sollten wir da unten jemanden hören, wecken wir sofort meine Eltern, okay?«

Emily griff nach meiner Hand, als ich aus dem Bett stieg. Wir folgten Monty hinaus auf den Treppenabsatz. Es war stockfinster, abgesehen von dem schwachen Leuchten eines Nachtlichts, das neben dem Badezimmer eingesteckt war.

Ein dunkler Schatten hing über der Wand an der Treppe. Er wurde größer und größer, erreichte die Decke und breitete sich dann über mir aus. Es roch auch seltsam. Irgendwie ätzend, nach verbranntem Plastik.

Monty zog so sehr an meinem Schlafanzugoberteil, dass er es fast zerrissen hätte, und dann
wachte mein schläfriges Gehirn endlich auf, und
ich verstand die Gefahr. Es war kein Dieb.

»Es brennt!«, rief ich, und meine Stimme
klang dabei ganz piepsig und erbärmlich.

Emily schrie auf und drückte meine Hand so
fest, dass es wehtat. Ich spürte, wie sie neben
mir erstarrte und meinen Arm mit ihrer freien
Hand umfasste, ihre Nägel gruben sich in meine
Haut. »Hilfe, Becca. Ich habe solche Angst.«

Der dicke schwarze Rauch quoll an der Decke entlang. Er war beinahe am Licht angekommen. Wenn er weiter herunterkam, würden wir
ersticken.

Monty bellte schon wieder. Er stand ganz oben
an der Treppe, seine weißen Pfoten leuchteten
in den schwarzen Rauchwolken. Er hatte keine
Angst. Er versuchte, uns zu retten.

»Feuer! Feuer! Mama, Papa, Stevie!« Ich zog Emily den Flur entlang und stieß die Tür zu Mamas und Papas Schlafzimmer auf. Papa setzte sich verschlafen auf und nahm etwas aus seinen Ohren. Ohrstöpsel. Kein Wunder, dass er Monty nicht gehört hatte.

»Feuer!«, schrie ich, und im selben Augenblick piepste auch der Rauchmelder in ihrem Zimmer los.

Mama setzte sich verwirrt auf. Erschrocken.

Papa rannte auf den Treppenabsatz hinaus und warf einen Blick nach unten.

»Ruf die Feuerwehr«, sagte Mama und hielt Papas neues Telefon in der Hand.

»Keine Zeit. Nimm das Telefon mit. Wir müssen hier raus. Sofort!« Er lief los und holte Stevie.

Ich hielt mich an Emily fest. Mama hielt sich an uns beiden fest. Ich war zwar wacher als sie, aber in mir drin zog sich alles vor Angst zusammen, sodass ich nicht wusste, was ich tun sollte.

Monty rannte zum oberen Ende der Treppe und zeigte uns den Weg. Papa kam mit dem schlafenden Stevie auf dem Arm zurück.

»Bleibt so weit unten wie möglich«, sagte Papa. »Rauch steigt hoch. Ich sehe keine Flammen. Wir müssen zur Eingangstür raus.«

Monty zeigte den Weg, Papa folgte ihm. Mama, Emily und ich kamen hinterher. Wir zogen uns die Schlafanzüge übers Gesicht. Der Gestank wurde immer schlimmer, aber glücklicherweise klebte der Rauch noch an den Wänden, sodass es genügend Luft zum Atmen gab.

Aus den Ritzen um die Küchentür herum krochen schwarze Rauchschwaden hervor. Meine Augen brannten, und ein beißender Geruch stach mir in die Nase.

Monty umkreiste uns, bellte und drückte uns in Richtung der Eingangstür, fort von der abplatzenden Farbe auf der Küchentür.

Papa hantierte mit dem Schlüssel herum. Endlich ging die Tür auf, und ein kalter Windstoß hätte uns beinahe umgeworfen, aber die Luft war rein und frisch, und ich sog sie gierig ein, bis ich ganz voll davon war. Monty trieb uns aus dem Haus.

Sobald wir schließlich auf der anderen Straßenseite angekommen waren, tauschte Papa Stevie gegen das Telefon ein und rief die Feuerwehr an.

Unser Haus brannte. Unser Zuhause. Mama versuchte, uns alle zu umfassen. Stevie wimmerte. Emily schluchzte lautlos. Mein Körper zitterte, und meine Zähne klapperten wie verrückt. Monty saß neben uns. Ich glaube, er wusste, dass gerade nicht der Moment war, ungezogen zu sein.

Niemand von uns wusste so genau, was zu tun war. Sirenen erklangen, und Blaulicht war am Ende der Straße zu sehen. Die Feuerwehr war da.

»Alles wird gut«, sagte Papa. »Jetzt sind wir in Sicherheit. Das ist alles, was zählt.« Er zog

Mama zu sich heran. »Ist alles in Ordnung, Sarah? Bei dir und dem Baby?«

Die Frage musste in Mama irgendetwas ausgelöst haben, da plötzlich ihr Schrei durch die stille, kalte Nacht brach.

»Meine Krankenhausunterlagen! Meine Handtasche!«

Monty wusste, was dieser Schrei zu bedeuten hatte. Mama hatte ihre Handtasche im Haus gelassen. Sie brauchte sie.

Er musste sie holen. Es war sicher nicht Mamas Absicht gewesen,

ihn zu erziehen, aber da sie jedes Mal »Meine Handtasche« geschrien hatte, sobald er auf der Suche nach ihren Notfallrationen den Kopf hineingesteckt hatte, war es einfach so ganz nebenbei geschehen. Wie eine Rakete sauste er den Weg entlang auf die Haustür zu.

»Nein!« Mein Schrei wurde von allen Hauswänden in unserer Straße zurückgeworfen. Wer bis gerade noch geschlafen hatte, war spätestens jetzt wach. »Monty!« Verzweifelt taumelte

ich vorwärts, um ihn aufzuhalten, ihn zurückzurufen, aber es war hoffnungslos, seine weiße Schwanzspitze verschwand bereits in den dicken Rauchschwaden, die aus der Eingangstür quollen.

19 Verzweifelter Hund

Ich konnte doch nicht dabei zusehen, wie Monty im Feuer ums Leben kam. Er war mein Hund. Mein BHFFI. Er hatte uns das Leben gerettet. Ich wollte hinter ihm herlaufen, ihn in Sicherheit bringen, aber Papa hielt mich an der Schulter fest und verhinderte so, dass ich ihm folgte.

»Monty! Bei Fuß!«, rief ich immer wieder, hoffte, er würde so zu mir kommen. Ich hatte doch an seinem Rückruf gearbeitet. Er kannte seinen Namen. Er verstand schließlich auch »Handtasche«, und das hatte ich ihm noch nicht einmal beigebracht. »Monty! Bei Fuß!«

Papa brachte mich zurück zu Mama, Stevie und Emily.

»Du kannst jetzt nichts für ihn tun.« Seine Stimme klang aufgeregt und rauchig. Ein Feuerwehrauto fuhr mit Blaulicht vor, und ich sah plötzlich Lichtblitze vor meinem inneren Auge, mir wurde schwindelig. Sofort füllte sich die Straße mit Feuerwehrleuten.

»Ist noch jemand da drin?«, fragte der Einsatzleiter.

»Monty!«, sagte ich und rang nach Luft. Meine Knie fühlten sich an wie Wackelpudding, und ich brach auf dem Bürgersteig zusammen. Mama ließ sich neben mich fallen und zog mich zu sich heran.

»Es tut mir leid«, sagte sie. »Ich wusste nicht, dass er verstehen würde, was ich gesagt habe.«

»Unser Hund ist hineingelaufen«, sagte Papa. »Er heißt Monty.«

»Retten Sie ihn, bitte, retten Sie ihn!«, murmelte ich, aber meine Stimme ging in der ganzen Geschäftigkeit unter. Mama und ich klammerten uns aneinander. Ich glaube, sie weinte genauso wie ich.

»Ich will Monty zurück!«, sagte Stevie und brach in Tränen aus.

»Er hat uns das Leben gerettet«, sagte Emily. »Er ist gekommen, um uns zu wecken. Sonst wären wir noch im Haus.«

»Ich weiß«, sagte Mama und sah uns abwechselnd an. »Ich weiß.«

Der Einsatzleiter sprach mit einem anderen Feuerwehrmann und kam dann zurück, um Papa noch ein paar Fragen zu dem Feuer zu stellen. Zwei Feuerwehrleute setzten sich Atemmasken auf, während ein paar andere Schläuche ausrollten.

Die Feuerwehrleute mit den Atemmasken liefen den Weg entlang. Sie sahen aus, als bewegten sie sich absichtlich in Zeitlupentempo, als wollten sie ihr Leben nicht für einen dummen Hund aufs Spiel setzen. Einer von ihnen stolperte, fiel beinahe nach hinten um. Irgendetwas hatte ihn zur Seite gedrückt. Irgendetwas Schwarz-Weißes mit einer braunen Handtasche im Maul.

Monty!

Mein mutiger Hund bahnte sich einen Weg durch die Feuerwehrleute, die Schläuche und die ganze restliche Ausrüstung. Er sauste, ohne zu gucken, über die Straße und kam kurz vor uns zum Stehen. Monty ließ die Handtasche zu Mamas Füßen fallen, setzte sich und wartete geduldig auf seine Belohnung.

»Monty!« Ich warf mich gleich auf ihn. Er roch nach Rauch und Dreck. Sein Gesicht mit dem weißen Streifen war völlig rußverschmiert. Seine Augen waren von dem Rauch blutunterlaufen. Ich riss Mamas Handtasche auf und nahm einen Käsecracker heraus. Monty gab mir die Pfote. Ich gab ihm seinen Cracker. »Ich liebe dich!«

Emily schloss sich der Umarmung an.

BFFI und BHFFI = Das Beste von allem für immer.

»Was für ein außerordentlicher Hund!«, sagte der Einsatzleiter. »Du kannst dich wirklich glücklich schätzen!«

»Ich weiß«, sagte ich und verbarg mein Gesicht in Montys dreckigem Fell.

Ich wollte Monty umarmen. Ihn bei mir wissen. Ihn nie wieder loslassen, weil er meiner Familie das Leben gerettet hatte. Er war ein Wunderhund.

Zwei Feuerwehrautos, jede Menge Feuerwehrleute und eine Straße voller Nachbarn, alles in blinkendes Blaulicht getaucht. Sogar Herr Davis kam heraus, um nachzusehen, was los war. Er beäugte Monty argwöhnisch, aber es war eindeutig, dass er ein Held war, also sagte Herr Davis nichts.

»Ich bleibe hier mit Monty und Stevie sitzen«, sagte Mama und ließ sich auf die Bank fallen, gegen die Monty so oft gepinkelt hatte.

Monty sprang neben sie auf die Bank, sodass Mama ihn gut streicheln konnte, während Stevie versuchte, es sich auf Mamas Schoß gemütlich zu machen, was wegen des Babybauchs gar nicht so einfach war. Mama drückte Monty an sich und vergrub ihr Gesicht in dem dichten Fell an seinem Nacken, wie ich es so oft getan hatte.

»Er braucht dringend ein Bad, jetzt, wo er zur Familie gehört«, sagte sie.

»Heißt das, wir können ihn behalten?« Die Worte kamen mir kaum über die Lippen.

»Natürlich können wir ihn behalten!«, sagte Mama. »Er hat uns das Leben gerettet.«

Ich griff nach Emilys Händen, und wir tanzten mitten auf der Straße vor Freude im Kreis. Dann umarmte ich die Menschen, die ich am liebsten mochte, und lief zu Papa hinüber, um ihm die großen Neuigkeiten zu erzählen.

Der Einsatzleiter sprach gerade mit ihm. Er hielt ein unförmiges schwarzes Etwas in den Händen. Es sah aus wie verbranntes Plastik, und ein weißes Stück gab es auch, das wie eine Fingerspitze geformt war.

»Das hier hat das Feuer verursacht«, sagte der Einsatzleiter. »Sieht nach irgendeinem Spielzeug aus.«

»Rexy«, sagte ich. »Ich erkenne seinen Schwanz.«

Obwohl Papas Gesicht rußgeschwärzt war, wurde er ganz bleich.

»Ich hätte es wissen müssen«, sagte er. »Es lud nicht richtig.«

»Das ist nicht unser erster Einsatz wegen solcher Spielzeuge«, sagte der Einsatzleiter.

»Zum Glück geht es allen gut.« Papa schüttelte sich und zog mich zu sich heran, um mir einen Kuss auf den Kopf zu geben. »Dir, Stevie, Emily und deiner Mutter.«

»Und Monty«, sagte ich.

Monty bellte. Obwohl er bei Mama saß, merkte er, dass wir über ihn sprachen.

»Es scheint keine strukturellen Schäden an Ihrem Haus zu geben. Sie werden eine neue Küche brauchen, aber der Rest lässt sich mit einer gründlichen Reinigung in Ordnung bringen. Zum Glück sind alle rechtzeitig rausgekommen. Diese Art von Rauch kann tödlich sein.« Der Einsatzleiter sah Papa streng an. »Warum hatten Sie denn keinen Rauchmelder in der Küche?«

»Er hatte Streit mit einer Pfanne.« Ein schuldbewusster Ausdruck zeigte sich auf Papas Gesicht. »Dem Himmel sei Dank, dass Monty Alarm geschlagen hat.«

»Er ist ein kluger Hund. Sie können froh sein, dass Sie ihn haben«, sagte der Einsatzleiter.

»Das sind wir«, antwortete Papa, sah zu mir herunter und lächelte.

»Mama hat gesagt, dass wir ihn behalten können«, sagte ich.

»Natürlich«, erwiderte Papa und zog mich und Emily zu sich heran, um uns zu umarmen. »Wir müssen deine Eltern anrufen, Emily. Allerdings habe ich auf meinem neuen Telefon eure Nummer noch nicht gespeichert.«

»Es gibt da noch etwas, das du wissen solltest, Papa.« Ich atmete tief ein. »Monty hat dein altes Telefon aufgefressen.«

Papa schüttelte den Kopf und lachte.

»Was soll's, war ja nur ein Telefon. Leicht zu ersetzen. Im Gegensatz zu euch beiden.« Dann umarmte er uns erneut.

Ich glaube, Monty war eifersüchtig, auf jeden Fall fing er an zu bellen. Ich wollte ihn gerade zu mir rufen, als er angerannt kam und schon wieder an meinem Schlafanzugoberteil zerrte.

»Ist schon gut, Monty. Das Feuer ist vorbei.«

Montys Zerren wurde jedoch stärker.

»Was ist los, mein Junge? Was hast du denn?«, fragte der Einsatzleiter.

Monty ließ mich los, hob den Kopf und jaulte.

»Das hat er auch gemacht, damit wir das Zimmer verlassen«, sagte Emily. »Er wollte uns auf das Feuer aufmerksam machen, aber jetzt gibt es kein Feuer mehr.«

»Er ist genauso verrückt wie sonst«, sagte Papa.

»Er will uns irgendetwas sagen, Papa«, rief ich. »Er spielt nicht einfach so verrückt. Was ist denn los, Monty?«

Monty jaulte noch einmal auf und lief dann zu Mama zurück und bellte dabei.

Ich sah zur Bank hinüber. Stevie schlief unter der Jacke eines Feuerwehrmanns, aber Mama stand hinter der Bank und klammerte sich daran fest. Ihr Gesicht war rot und verzerrt wie Stevies, wenn er versucht, einen Steviesaurus-Pups rauszupressen, nur noch schlimmer.

»Das Baby kommt!«, schrie ich. »Ruft den Notarzt.«

Liebes Tagebuch,
frohes neues Jahr, liebes Tagebuch mit den Herzen und Pfotenabdrücken. Ich habe eine winzige Babyschwester und meinen eigenen BHFFI. Stevie und ich haben bei Emily übernachtet. Wir mussten auf dem Sofa schlafen, wegen all der italienischen Gäste, aber Monty hat uns warm gehalten.

20 Alles neu

Solang unser Haus gesäubert und renoviert wurde, wohnten wir bei Onkel Bob und Tante Sue. Ich wäre lieber bei Emily geblieben, aber Frau Denaro sagte, sie könne es nicht länger als eine Stunde am Stück mit Monty aushalten. Glücklicherweise war Onkel Bob so froh darüber, dass wir alle noch lebten, dass er Monty als neues Mitglied der erweiterten Jones-Familie willkommen hieß.

»So einen Hund können wir hier gut gebrauchen«, sagte er und kraulte Monty unter dem Kinn. »Er wird uns alle auf Trab halten.«

Die ganze Familie mochte Monty, aber ehrlich gesagt glaube ich, dass alle das neue Baby um sich herum haben wollten.

Meine Schwester war noch ganz rosa, genau wie ihre neuen Sachen, die alle für sie einkaufen gingen, da die gesamte Garderobe, die Mama für sie besorgt hatte, durch das Feuer verseucht worden war. Sie war irgendwie ziemlich zappelig und auch sehr süß, fast so niedlich wie ein Welpe, aber nur fast. Es fühlt sich total schön an, sie zu streicheln, weil ihr Köpfchen samtweich und fast so seidig wie Montys Ohren ist.

Bei Bob und Sue unterzukommen hieß auch, mit Tim zusammenzuwohnen. »Halt Monty bloß von der Mülltonne fern«, sagte Tim. »Ich habe jede Menge Zeug aussortiert, falls ich Besuch bekommen sollte. Und ich möchte wirklich nicht, dass mein ganzer persönlicher Kram in der Auffahrt verteilt wird.« Er sah so aus, als wäre ihm das ein wenig peinlich.

»Er mag neuerdings lieber Telefone«, erwiderte ich.

Tim zog seins aus seiner Tasche, warf einen Blick auf das Display und steckte es dann zurück.

»Du kannst ihn also wirklich behalten?«, fragte Tim.

»Ich glaube, die Krankenhausunterlagen haben Mama umgestimmt. Er ist deswegen extra zurück ins Haus gelaufen, um sie zu retten. Jetzt findet sie ihn wunderbar. Miranda wird doch wohl nicht ihre Meinung ändern und ihn zurückhaben wollen, oder?«

»Keine Sorge. Das hier soll ich dir geben.« Er reichte mir ein offizielles Formular. »Das ist wegen seiner Hundemarke. Sie will ihn nicht mehr.«

»Was heißt das?«

Ein Post-it-Zettel klebte auf dem Formular, darauf stand mit lila Stift: »Ciao, M. Kuss«

»Das wird ›tschau‹ ausgesprochen und ist italienisch für Lebe wohl.«

»Ich weiß, die Denaros sagen das immer, aber ich wusste nicht, dass Miranda auch Italienerin ist.«

»Ist sie auch nicht«, sagte Tim.

»Sie tut also nur so als ob?«, fragte ich.

»Ja«, antwortete Tim. »Das beschreibt sie insgesamt ziemlich gut.«

Armer Tim. Ich war nun nicht mehr hundelos. Aber er hatte immer noch nicht Miranda erobert.

»Du kannst mit mir zusammen auf Monty aufpassen, wenn du einsam bist. Und mir und Emily beim Erziehen von Monty helfen.«

»Okay«, sagte Tim. »Wenn Abi auch mitkommen darf.«

»Abi, deine beste Freundin?«, fragte ich.

»Ja, so in der Art«, sagte Tim und wurde tomatenrot. Scheint ein Familiending zu sein.

Ich fragte Emily, ob ich im neuen Jahr der Theater-AG beitreten sollte.

»Möchtest du denn?«

»Eigentlich nicht. Ich dachte nur, du könntest ein bisschen Rückhalt im Kampf mit Peter Pan gebrauchen.«

»Keine Sorge, ich habe schließlich ein Schwert!« Emily griff nach Montys Leine. »Und wenn sich Lily danebenbenimmt, rufe ich Monty.«

Liebes Tagebuch,
ich bin völlig hundevoll.

RITTER
WERDEN LEICHT GEMACHT

Sam hat einen Traum: Er möchte ein Ritter werden, edel und verwegen.

Doch wie stellt man das an, wie wird man eigentlich Ritter? Sam lebt bei seiner strengen Tante Eiltrud und seinem Onkel Archibald auf Burg Falterstaub. Das Paar bietet hier eine luxuriöse Urlaubsbetreuung für Drachen, Greife und andere magische Haustiere an, sodass deren Besitzer unbesorgt verreisen können. Als der kleine Drache Gottfried ausbüxt, steht Sam zusammen mit seiner vorwitzigen Cousine Brunella plötzlich vor seinem ersten Abenteuer. Die beiden absolvieren in jedem der sechs Bände eine neue Lektion auf dem Weg zum Ritter.

Band 2
erscheint am
2. April 2020

Vivian French
**Ritter werden
leicht gemacht**
Je 128 Seiten,
gebunden
€ 10,00 [D]

**Band 1: Drachen sind
Nichtschwimmer**
ISBN 978-3-505-14325-0

**Band 2: Ein Pferd
namens Dora**
ISBN 978-3-505-14327-4

Kinder lieben Schneiderbücher!

www.schneiderbuch.de

 Schneiderbuch

EGMONT

Lilous Wundergarten

Als Lilou bei den Brombeerbüschen am Haus ihrer Oma ein Eichhörnchen entdeckt und ihm folgt, traut sie ihren Augen kaum: Sie gelangt plötzlich in einen geheimen Teil des Gartens, den sie zuvor noch niemals betreten hat. Hier stehen die wunderbarsten und schönsten Pflanzen, die man sich nur vorstellen kann. Da sich dann auch noch ihre neue Mitschülerin Elena vom einen auf den anderen Moment völlig verändert, nachdem sie ein Erdbeertörtchen verputzt hat, beginnt Lilou zu kombinieren. Die Erdbeeren stammten aus Oma Idas seltsamem Garten – was wenn die Pflanzen von dort magische Wirkungen haben und Oma Ida eine Wundergärtnerin war?

Sarah Nisse
Lilous Wundergarten
128 Seiten
€ 12,00 [D]
ISBN 978-3-505-14344-1

Kinder lieben Schneiderbücher!

www.schneiderbuch.de

Schneiderbuch

EGMONT

RIKKA

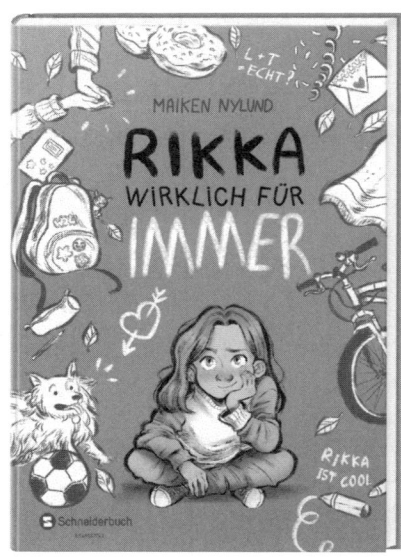

Nein, Rikka ist nicht verliebt! Ganz und gar nicht. Sie hat nun wirklich genug um die Ohren, mit ihren kleinen Geschwistern, dem in einer anderen Stadt lebenden Vater und ihren Stiefeltern – da ist sie dankbar für jeden schönen Moment ganz für sich und zusammen mit ihrer besten Freundin Lise. Doch die erzählt ihr nun plötzlich, dass sie sich in Tom aus der B-Klasse verliebt hat! Rikka ist 10 Jahre alt und irgendwie scheint sich gerade alles um sie herum zu verändern. Lise verhält sich so anders und dann ist da dieser Junge mit seiner Familie in das Haus nebenan gezogen … Aber Rikka will mit alldem nichts zu tun haben – kann nicht einfach alles so bleiben, wie es war?

Maiken Nylund
Rikka
Wirklich für immer
128 Seiten, gebunden
€ 10,00 [D]
ISBN 978-3-505-14339-7

Kinder lieben Schneiderbücher!

www.schneiderbuch.de

 Schneiderbuc

EGMONT

MAIKEN NYLUND

RIKKA
WIRKLICH FÜR
IMMER

Beste Freunde, oder ...?

„Ich liebe Sommer!", sagt Rikka und blickt verträumt in den blauen Himmel. Sie liegt rücklings im Gras, und die Grashalme kitzeln an ihren Handflächen, als sie darüberstreicht.

„Ich liebe Eis", sagt Lise, die neben ihr liegt, den Blick ebenfalls in den blauen Himmel gerichtet. Lise ist Rikkas beste Freundin.

„Ich liebe es, wenn es so heiß ist, dass das Eis fast schon geschmolzen die Speiseröhre runterrutscht", sagt Rikka.

Lise kichert.

„Und ich liebe es, den ganzen Tag bis spät abends draußen zu sein, ohne dass die Erwachsenen einen ins Bett schicken", ruft Lise so laut, dass ihre Mutter es gar nicht überhören kann.

Dann dreht sie sich auf die Seite und sieht Rikka an, ehe sie ganz leise sagt:

„Ich liebe Tom aus der B-Klasse."

Es wird mucksmäuschenstill. Lise wird rot. Rikka sieht in den wolkenlosen blauen Himmel.

„Ich bin in Tom aus der B-Klasse verliebt", wiederholt Lise.

Rikka hat sich bisher nie Gedanken darüber gemacht, dass Lise verliebt sein oder sich irgendwann verlieben könnte. Sie hat eigentlich noch nie viel übers Verliebtsein nachgedacht. Vielleicht hätte sie das besser tun sollen, weil Lise jetzt plötzlich verliebt ist und sie nicht.

„Du kennst Tom doch", sagt Lise. „Kannst du uns nicht verkuppeln?"

„Euch verkuppeln?", sagt Rikka, als wüsste sie nicht, was Lise meint.

„Du kennst Tom doch", wiederholt Lise.

„Schon", antwortet Rikka und versucht verzweifelt, sich zu erinnern, wann sie Tom das letzte Mal gesehen hat. Das kann sie nicht. „Aber inzwischen gar nicht mehr so wirklich", sagt sie.

„Einmal kennen ist immer kennen", sagt Lise. „Das wär ja wohl komisch, wenn man die, die man kennt, plötzlich nicht mehr kennt?"

„Tom ist mein Nachbar, mehr nicht. Er geht in die B-Klasse und ich in die A. Er spielt Fußball mit den B-Klässlern und ich bin mit DIR zusammen."

Sie spricht das DIR extra betont aus, damit Lise versteht, wie wenig sie Tom kennt. Tom könnte genauso gut auf einem ganz anderen Planeten leben als sie, so selten sieht sie ihn.

„Das passt doch perfekt", sagt Lise. „Du kennst Tom von früher, und darum kannst du zu ihm gehen und uns verkuppeln."

Sie lacht. Rikka nicht.

Danach redet Lise nur noch über Tom. Die ganze Zeit.

Und dann sagt sie: „Wir müssen dir auch jemanden suchen!"

Rikka geht die Jungs in ihrer Klasse durch. Da ist keiner dabei, in den sie sich verlieben könnte. In der B auch nicht.

Ein unangenehmer Gedanke schießt Rikka durch den Kopf. Was, wenn sie sich gar nicht verlieben kann?

„Kannst du dir vorstellen, dass manche Menschen sich nicht verlieben können?", fragt sie vorsichtig und wie beiläufig, damit Lise nicht mitbekommt, dass sie bei der Frage an sich selber denkt.

„Alle Menschen können sich verlieben", sagt Lise, als wäre sie plötzlich die Verliebtheits-Expertin.

Rikka starrt auf den Boden. Und wenn sie nun der einzige Mensch auf der ganzen Welt ist, der sich nicht verlieben kann? Was dann? Oder vielleicht weiß sie einfach nur nicht, wie sich das anfühlt? Was, wenn sie schon seit Ewigkeiten verliebt ist, ohne es zu ahnen?

„Und wie fühlt sich Verliebtsein so an?", fragt Rikka.

„Es prickelt im Bauch", sagt Lise zufrieden.

Rikka fühlt in sich rein, aber in ihrem Bauch prickelt nichts.

„Wollen wir baden gehen?", schlägt Rikka vor und richtet sich ganz auf. „Ich kann Mama fragen, ob sie mitkommt."

„Wie kann man bloß so blaue Augen haben wie Tom!", seufzt Lise.

Rikka ist noch gar nicht aufgefallen, dass Tom so blaue Augen hat.

„Fahren wir mit dem Rad zur Badestelle?", wiederholt Rikka noch einmal ihre Frage, aber Lise hört ihr immer noch nicht zu.

Da sagt Rikka, dass sie dann jetzt zum Essen nach Hause muss, obwohl sie heute schon gegessen haben.

Rikka geht langsam nach Hause. Dass Lise sich verliebt hat, liebt sie ganz und gar nicht. Sie bricht einen Zweig ab und zieht ihn an dem Bretterzaun entlang, an dem sie vorbeispaziert. Tacktacktacktacktack macht es, als der Zweig über die Bretter streift. Am nächsten Wochenende ist sie bei ihrem Vater, da kann sie nichts mit Lise unternehmen. Es ist sowieso schon blöd, jedes zweite Wochenende ohne Lise zu verbringen, aber jetzt noch mal doppelt blöd. Was, wenn Lise genau an diesem Wochenende mit Tom zusammenkommt? Rikka will sich gar nicht vorstellen, wie es ist, am Sonntag nach Hause zu kommen und keine beste Freundin mehr zu haben.

Sie lässt den Zweig fallen und überlegt, was sie den Rest des Tages noch machen soll. Als sie an dem Haus vorbeigeht, in dem Tom wohnt, kriegt sie eine Gänsehaut. Als ob seit Lises Geständnis ein Fluch über dem Wohnviertel liegt.

„Rikka ist da!", ruft Rikkas dreijährige Schwester Anna. Sie und ihr Zwillingsbruder Nils kommen angelaufen.

„Spielst du mit Anna und Nils?", fragt Mama.

Rikka seufzt.

Mama nutzt jede Gelegenheit, Rikka ihre beiden Geschwister aufzudrücken und auf sie aufpassen zu lassen. Darum treffen sie sich meistens bei Lise zu Hause, weil Lise ein Einzelkind ist.

Die Verkupplungskatastrophe

Am nächsten Tag steht Rikka in der Pause mit Lise zusammen und stirbt fast vor Langeweile.

„Hast du Tom im Flur gesehen?", fragt Lise sie neugierig.

„Ja." Rikka seufzt.

„Was ist sein Lieblingsessen?", fragt Lise.

„Keine Ahnung", sagt Rikka und stöhnt genervt.

„Hat er ein großes Zimmer?", fragt Lise weiter.

„Eher nicht", antwortet Rikka.

Bevor Lise gestern erzählt hat, dass sie verliebt ist, war alles noch ganz normal. Jetzt dringt Rikka kaum noch zu ihr durch.

„Und dann hat er auch noch einen Hund!", zwitschert Lise mit strahlenden Augen. „Ich hab mir immer schon einen Hund gewünscht!"

Rikka spürt einen leichten Stich im Magen. Toms Hund Pip ist ein ganz kleines bisschen auch ihr Hund. Sie kennt Pip, seit er als winziger Welpe auf ihr rumgeturnt ist. Manchmal kommt Pip einfach zu ihnen ins Haus gelaufen, obwohl er da gar nicht wohnt. Gehört Pip von nun an nur noch Tom und Lise?

Als es zum letzten Mal klingelt und der Schultag rum ist, schlägt Lise vor, Tom hinterherzuspionieren.

Er geht ein kleines Stück vor ihnen durch das Schultor.

„Och nö", sagt Rikka. „Muss das sein?"

„Vielleicht kannst du uns ja heute schon verkuppeln", sagt Lise und sieht sehnsüchtig hinter Tom her.

„Wollen wir nicht lieber baden gehen? Es ist sooo heiß!", stöhnt Rikka.

„Keine Lust", sagt Lise.

„Du hattest aber doch gestern schon keine Lust zu baden!"

„Ich will lieber Tom hinterherspionieren", sagt Lise und nimmt seine Verfolgung auf.

Okay, denkt Rikka, dann spionieren wir eben hinter Tom her. Und wenn er im Haus verschwunden ist, können wir baden gehen.

Sie folgen Tom. Er wohnt in dem Haus vor Rikkas Zuhause. Er schlüpft durch ein Loch in der Hecke in den Garten und ist weg.

„Das war's also!", sagt Rikka und atmet erleichtert aus.

„Du musst ihn anrufen und fragen, ob er mit mir gehen will", sagt Lise mit flehendem Blick und hält Rikka am T-Shirt fest.

„Jetzt gleich?", fragt Rikka.

Dazu hat sie jetzt überhaupt keine Lust, das ist doch oberpeinlich.

„Ja!", sagt Lise energisch.

„Kannst du ihn nicht selber fragen?", sagt Rikka und zieht den T-Shirt-Zipfel aus Lises Griff.

„Spinnst du? Das trau ich mich nicht!"

„Ich mich auch nicht!"

„Aber er ist dein Nachbar", quengelt Lise. „Das kann doch nicht so schwer sein."

Rikka stellt sich vor, wie sie an der Tür klingelt und Tom fragt, ob er mit Lise gehen will. Das geht nicht. Sie kann das nicht tun.

„Jetzt mach schon …", bettelt Lise. „Please!"

Rikka zögert. Wenn sie es nicht macht, wird Lise sauer. Wenn sie es macht, hat Lise ab dann wahrscheinlich einen Freund.

Rikka findet das eine wie das andere doof.

Lise schiebt sie vor sich durch das Loch in der Hecke in den Garten. Vor ihr ist Toms Haus, hinter ihr versperrt Lise den Weg. Sie hat keine andere Wahl.

Rikka geht auf das Haus zu und biegt um die Ecke. Hier kann Lise sie nicht sehen. Sie steigt langsam die Stufen hoch. Am liebsten würde sie einfach nach Hause gehen. Sich die Bettdecke über den Kopf ziehen, bis Lise nicht mehr verliebt ist.

Rikka stellt sich vor die Tür, die im gleichen Moment aufgeht, als sie den Klingelknopf drückt. Fast wäre sie vor Schreck die Treppe runtergefallen.

Tom und seine Mutter Mona stehen mit Rucksäcken auf der Schulter aufbruchsbereit im Flur. Mona hält Pip am Halsband fest, der vor lauter Begeisterung, Rikka zu sehen, mit dem Schwanz wedelt und aufgeregt auf der Stelle trippelt. Tom und Mona lachen über Pip, der Rikka so unmissverständlich um eine Streicheleinheit anbettelt.

„Hallo, Rikka", sagt Mona. „Schön, dich zu sehen! Wir wollen gerade zum Waldsee, baden. Magst du mitkommen?"

Ein paar Sekunden ist es ganz still. Das, was sie wegen Lise und Verkuppeln und so weiter fragen wollte, kann sie jetzt unmöglich sagen.

Tom sagt auch nichts. Es kommt Rikka schon ein bisschen komisch vor, mit Tom baden zu gehen, mit dem sie schon so lange nichts mehr zu tun hat. Andererseits hat Lise trotz der Hitze keine Lust, mit ihr baden zu gehen. Rikka stellt sich vor, wie es sein wird, wenn Lise und Tom zusammenkommen. Dann geht Lise mit Tom baden, und Pip wedelt mit dem Schwanz, wenn er Lise sieht, und will von ihr gestreichelt werden. Und Rikka hockt für den Rest ihres Lebens allein zu Hause und langweilt sich zu Tode.

„Und?", fragt Mona lächelnd. „Soll ich deine Mutter anrufen und fragen, ob das okay ist?"

„Ja", antwortet Rikka kurz.

Sie läuft nicht zurück zu Lise, sondern die Treppe hoch in ihren eigenen Garten. Sie rafft eilig ihr Badezeug zusammen und läuft zurück in Toms Garten. So schnell, dass sie gar keine Zeit hat, an Lise zu denken. Nein, sie will jetzt nicht an Lise denken.

Rikkas Magen krampft sich zusammen, als Mona rückwärts und viel zu langsam aus der Einfahrt auf die Straße fährt. Ob Lise sich wohl allmählich fragt, wieso das so lange dauert? Vielleicht wartet sie schon gar nicht mehr an der Hecke und ist auf der Straße zu Rikkas Einfahrt gegangen. Was, wenn Mona und Tom sie sehen und wissen wollen, was sie dort macht? Was soll sie darauf antworten?

Aber Lise steht nicht vor Rikkas Einfahrt. Und auch sonst nirgends. Und plötzlich geht es nicht mehr langsam, sondern sehr schnell, und Rikka hat keine Zeit mehr, irgendwas zu sagen. Gleich darauf haben sie den höchsten Punkt der Straße erreicht und sind auf dem Weg zum Waldsee.